क्राइम फाइल

क्राइम फाइल

खूंख़ार अपराधियों की

दिलदहला देने वाली सच्ची दास्तान

पुनर्लेखन

ब्रजेन्द्र रेही

लेनिन मीडिया प्राइवेट लिमिटेड

प्रकाशक
लेनिन मीडिया प्राइवेट लिमिटेड
204-205 द्वितीय तल, दुर्गा कॉम्प्लेक्स
सेन्टर शॉपिंग कॉम्प्लेक्स
मयूर विहार-2, नई दिल्ली-110091
Email: leninmediapublishers@gmail.com
www.leninmedia.com

शाखा कार्यालय
एस-202, 4832/24, अंसारी रोड,
दरियागंज, दिल्ली-110002
Email: leninmediapublishers@rediffmail.com
Phone: 011-45795251

प्रथम संस्करण
2016

लेज़र टाइपसेटिंग और डिज़ाइन
दर्पण वीडियो इण्डिया

आवरण
मेराज खान

ISBN: 978-93-85160-74-5

मूल्य : ₹ 395

मुद्रक
इंटरग्राफिक रीप्रोडक्शन्स प्रा.लि.,
ए-11, डीडीए शेड्स, ओखला इण्डस्ट्रियल एरिया-1,
नई दिल्ली-110020

अपनी बात

जहाँ मनुष्य है वहाँ अपराध का बीज भी साथ-साथ पनपता है। सभ्यताओं के विकास और वैज्ञानिक तरक्की के साथ-साथ अपराध की दुनिया भी फल-फूल रही है, यह किसी से छिपा हुआ नहीं है।

सामान्यतः मैं क्राइम पर नहीं लिखता हूँ लेकिन पत्रकारिता के शुरूआती दौर में मुझे क्राइम रिपोर्टिंग का भी अवसर मिला। जब मैंने सीरियल किलर्स के बारे में पढ़ा तो मुझे लगा कि ऐसे लोगों पर लिखा जाना चाहिए ताकि हम जान सकें कि इंसान किस हद तक पाशविक हो सकता है और पशुवत व्यवहार करने वाले इंसान से कैसे बचा जा सकता है।

'क्राइम फाइल' दुनिया के कुछ कुख्यात सीरियल किलर्स की कथाओं का संकलन है जिसमें मनुष्य की खूंखार पशुओं जैसी आदतों और व्यवहार की जानकारी मिलेगी। अपराध-शास्त्र का अध्ययन करने वालों के लिए भी यह संकलन उपयोगी हो सकेगा।

मैं अपने पत्रकार मित्र और सान्ध्य टाइम्स के पूर्व सम्पादक श्री मधुरेन्द्र सिन्हा का आभारी हूँ जिन्होंने इन कथाओं के सम्बन्ध में सुझाव दिए और प्रकाशन में सहयोग प्रदान किया।

मैं प्रकाशक श्री संजय कुमार सिंह का भी आभारी हूँ जिनके कारण 'क्राइम फाइल' का यह संकलन पाठकों के पास पहुँच रहा है।

–ब्रजेन्द्र रेही

अनुक्रम

कौन था ऐसा ख़ौफनाक दरिन्दा जिसने दो सौ से ज्यादा मर्डर किए? आप जानकर हैरान होंगे कि यह कोई और नहीं पेशे से एक डॉक्टर था और जीवन देने के बजाए वह उस पर विश्वास करने वाले लोगों का जीवन छीनता रहा।

1

ढाई सौ लोगों का क़ातिल डॉक्टर

एक इंसान के क़त्ल की सज़ा मौत या आजन्म कारावास हो सकती है लेकिन जब कोई दो सौ से ज्यादा लोगों को मौत के घाट उतार दे तो उसे कौनसी सज़ा दी जाए? शायद जजों, वकीलों और न्याय व्यवस्था से जुड़े लोगों को सोचना पड़ेगा कि ऐसी कौन सी सज़ा हो ताकि कोई और ऐसे खौफनाक अपराध करने की हिम्मत न करे।

उस पर 215 लोगों के क़त्ल का संदेह था। 15 क़त्ल के मामले सिद्ध हो चुके थे और सजाएँ दी जा चुकी थीं। दो सौ से ज्यादा अन्य मामलों की जाँच भी पुलिस को करनी थी। पुलिस का मानना था कि हत्याओं की लिस्ट लम्बी होकर ढाई सौ से ऊपर पहुँच जाएगी।

ब्रिटेन की संसद द्वारा गठित जाँच ट्रिब्यूनल ने इस क़ातिल नरपिशाच डॉक्टर के कारनामों की जाँच करके पाँच रिपोर्ट्स तैयार कीं। इनमें से तीन रिपोर्ट्स जुलाई 2003 में

सरकार को सौंप दी गई। ट्रिब्यूनल ने 2500 लोगों के बयानों को एक लाख पेजों में दर्ज किया। अपनी रिपोर्ट में माननीय जज स्मिथ ने चार हज़ार से ज्यादा पेजेज़ लिखे हैं।

कौन था ऐसा ख़ौफनाक दरिन्दा जिसने दो सौ से ज्यादा मर्डर किए? आप जानकर हैरान होंगे कि यह कोई और नहीं पेशे से एक डॉक्टर था और जीवन देने के बजाए वह उस पर विश्वास करने वाले लोगों का जीवन छीनता रहा। यदि इस पर लगाए गए सभी क़त्लों के आरोप सिद्ध हो गए तो यह यूरोप के अपराध इतिहास का सबसे बड़ा 'सीरियल किलर' कहलाएगा। यह अलग बात है कि 'ब्रिटेन के अखबारों ने उसे डॉ. डेथ नाम दिया। हालांकि अब वह इस दुनिया में नहीं है और उसने जेल के सींखचों में ही बिस्तर पर बिछाने वाली चद्दरों को लपेट कर रस्सी बनाई और जेल के बैरक में फाँसी लगा ली।

डॉ. डेथ का असली नाम था डॉ. हैरल्ड फ्रैडरिक शिपमैन। इस हत्यारे डॉक्टर पर शुरु में 6 हत्याओं का आरोप लगाया गया। बाद में जाँच जैसे-जैसे आगे बढ़ती गई उसकी गुनाहों की सूची लंबी होती गई और वह बढ़कर 77 तक पहुँच गई। 15 हत्याओं के अपराध में वह जेल की सजाएँ काटता रहा लेकिन संदेह है कि 23 साल में उसने 250 से ज्यादा लोगों की हत्याएँ कीं। ब्रिटेन के एक प्रमुख अख़बार 'गार्जियन' ने उन 215 मृतकों की सूची भी छापी है जिनके बारे में कहा जाता है कि ये सभी मरने वाले डॉ. शिपमैन की करतूत के शिकार हुए।

चार बच्चों के पिता डॉ. शिपमैन को पहले पहल 7 सितम्बर 1998 के दिन ब्रिटेन के मैनचेस्टर के पास हायड शहर की भूतपूर्व मेयर 81 साल की वृद्ध महिला हाइड कैथलीन ग्रुन्डी की हत्या के आरोप में गिरफ्तार किया गया। 24 जून 1998 को ग्रुन्डी अचानक मर गई। मरने से पहले वह डॉ. शिपमैन से इलाज कराती रही जो उसके फैमिली डॉक्टर भी थे।

शिपमैन की जाँच तब शुरू हुई जब श्रीमती ग्रुन्डी के रिश्तेदारों ने पाया कि श्रीमती ग्रुन्डी ने अपनी वसीयत में अपने दो पुत्रों और एक पुत्री के नाम कुछ भी नहीं लिखा है। दरअसल वसीयत उनकी मौत से पन्द्रह दिन पहले ही बदल दी गई थी और वह भी डॉ. शिपमैन के पक्ष में। शिपमैन पर श्रीमती ग्रुन्डी की संपत्ति से जालसाजी और धोखाधड़ी करके तीन लाख छियासी हज़ार पौण्ड नकद और अन्य सामान हड़पने का आरोप लगाया गया।

पुलिस ने कब्र से नौ लाशों को बाहर निकाला। प्रचार और भीड़ से बचने के लिए पुलिस ने एक प्रीस्ट की देख-रेख में रात के समय खुदाई की। खोद कर निकाली गई लाशों के अवशेष 49 से 81 साल के बीच की महिलाओं के थे।

शिपमैन ने ज्यादातर बूढ़े लोगों की हत्याएँ कीं और डॉक्टरी प्रमाण पत्रों में उनकी मौत के ऐसे कारण दर्ज किए कि किसी को शक न हो। वह पिछले 23 सालों से हाइड टाउन में फैमिली डॉक्टर के रूप में प्रैक्टिस कर रहा था। पुलिस ने उसके लिखे 3000 से भी अधिक नुस्खों की भी जाँच की।

ग्रेटर मैनचेस्टर पुलिस के एक प्रवक्ता ने कहा- "मैंने आज तक इतना सुस्त सीरियल किलर नहीं देखा। हत्यारा तो वह बिल्कुल ही नहीं लगता। उसे देखकर हर एक यही कहता है।"

सात पुरुषों व 5 महिलाओं की जूरी ने शिपमैन को पन्द्रह (15) हत्याओं का दोषी पाया। इसके अलावा 250 हत्याओं के कथित मामलों में भी उसके खिलाफ जाँच की जा रही थी। हालाँकि ग्रेटर मैनचेस्टर पुलिस ने इस बारे में चुप्पी साध रखी थी।

अधिकांश मौतें अचानक हुईं थीं पर ये सभी प्रौढ़ और वृद्ध महिलाएं थीं जो डॉक्टर से इलाज कराने के बाद ही चल

बसी थीं। आरोप यह था कि डॉक्टर ने घातक डाइमॉरफीन इंजेक्शन लगाया। इन मृतकों के मृत्यु प्रमाण-पत्रों में मौत की गलत वजह दर्ज करने, धोखाधड़ी और जालसाजी करने का इल्जाम भी लगाया गया जो आगे अदालत में साबित भी हो गया।

31 जनवरी 2000 को 55 साल के शिपमैन को 15 लोगों के कत्ल के अपराध में उम्र कैदों की सजा सुनाई गई। कैथलीन ग्रुन्डी की वसीयत बदल देने जालसाजी करने के लिये उसे 4 साल की अतिरिक्त सजा दी गई।

आइए अब जाने कि यह हत्यारा डॉक्टर कहां पैदा हुआ था और उसका जीवन कैसे शुरू हुआ?

14 जून 1946 को नॉटिंघम में जन्मे शिपमैन ने 17 साल की उम्र में ही अपनी माँ को मरते हुए देखा था। कैंसर पीड़ित उसकी माँ को दर्द से राहत दिलाने के लिये डॉक्टर उसे मार्फीन की खुराकें दे रहे थे। पढ़ाई में तेज और चतुर शिपमैन लगातार आगे बढ़ता रहा। 1965 में इसने मैडिसिन की स्टडी के लिये लीड्स यूनिवर्सिटी में प्रवेश लिया। 17 साल की उम्र में जब उसकी गर्लफ्रेन्ड प्रिमरोज गर्भवती हो गई तो उसका जीवन उल्टा पुल्टा हो गया। नवम्बर 1966 में दोनों ने शादी कर ली और चार साल में चार बच्चे भी पैदा कर दिए। 1970 में शिपमैन यूनिवर्सिटी से ग्रेजुएट होकर निकला। उसे एक स्थानीय अस्पताल में नौकरी भी मिल गई। 1974 तक वह जनरल प्रैक्टिशनर बन गया।

शिपमैन को अक्सर बेहोशी के दौरे पड़ने लगे। साथी डॉक्टर्स चिन्तित हो गए और शिपमैन के इलाज के बारे में सोचने लगे। अचानक उसके एक साथी को पता चला कि वह तो पैथिडाइन और मार्फीन जैसे नशे और ड्रग्स का आदी है। इस घातक ड्रग्स की प्रिस्क्रिप्शन शिपमैज खुद ही लिखता था। अस्पताल प्रशासन ने जांच की। उसे भारी जुर्माना देना पड़ा और

जनरल प्रैक्टिशनर की नौकरी से भी हाथ धोना पड़ा। घर बैठने के बाद शिपमैन एक 'ड्रग ट्रीटमेन्ट सेन्टर' पहुँचा जहाँ जाकर उसने कहा कि ड्रग्स की आदत उसे यूनिवर्सिटी से लगी है। अपना इलाज कराने के बाद 1977 में वह हाइड आया जहाँ उसने एक स्थानीय अस्पताल में जनरल प्रैक्टिशनर की नौकरी शुरू की। पंद्रह साल में उसका सिक्का जम गया और उसने 1993 में प्राइवेट प्रैक्टिस शुरु कर दी।

पहली बार गिरफ्तार किए जाने के बाद पुलिस ने उसे बहुत अक्खड़ पाया। उसने लगाए गए सभी आरोपों से साफ इन्कार किया। जाँचकर्त्ताओं का कहना है कि मौत के दौर से गुजरते हुए लोगों को देखने में उसे बहुत मज़ा आता था। वह जिन्दगी और मौत पर अपना नियन्त्रण महसूस करता था। किन्तु शिपमैन से बातचीत करने वाले एक फोरेंसिक साइकोलॉजिस्ट का कहना है कि डॉ. शिपमैन अपने अन्दर जीवन और मृत्यु की एक ऐसी जिज्ञासा को समझने की कोशिश कर रहा था जिसके बारे में शायद उसे पता ही नहीं था।

पाँच अक्टूबर 1998 को पुलिस जासूस सार्जेण्ट मार्क वेरिंग और जासूस कांस्टेबल मेरी सिंस्की ने डॉ. शिपमैन से पहली पूछताछ की। एक साल बाद 5 अक्टूबर 1999 को मैनचेस्टर के प्रेस्टन क्राउन कोर्ट में मुकदमा शुरू किया गया। जब पहली बार उसे अदालत में पेश किया गया तो दाढ़ी और भूरे बालों वाला वह डाक्टर रो पड़ा।

यह पता चलने पर कि शिपमैन का हाथ जेल रक्षकों की दो रिश्तेदारों की हत्या में भी हो सकता है, उसे स्ट्रेन्जवेज जेल से मैनचेस्टर के एक अज्ञात स्थान पर स्थानान्तरित कर दिया गया। शिपमैन की पत्नी और चार बच्चों ने अभी तक ये नहीं माना कि वह अपराधी है। प्रिमरोज को अपने पति से बहुत लगाव था। वेकफील्ड जेल में उसको स्थानान्तरित किए जाने से अब वह उसे आसानी से मिल सकती थी।

अदालत में कार्यवाही कैसे चली और क्या उसने कन्फेस किया?

प्रोसीक्यूशन वकील रिचर्ड हैनरिक्स ब्रिटेन के उच्चतम वकीलों में से थे। वह कई संवेदनशील और कठिन मुकदमों में पैरवी कर चुके थे। हेनरिक्स ने ग्रुन्डी की बेटी प्रसिद्ध सॉलिसिटर एंजेला वुडरफ को पहली गवाह के रूप में पेश किया।

मंहगे फैशनेबल ग्रे सूट में सजी-संवरी प्रसिद्ध सॉलिसिटर ने पुलिस द्वारा पेश किए गए उसकी माँ के मकान के फोटो पहचानने के बाद बयान दिया कि पुलिस से माँ के मरने की इत्तला पाकर उसने डा. शिपमैन से इस बाबत पूछताछ की। शिपमैन ने जो जवाब दिया वह बिल्कुल गोलमोल था। उसे याद नहीं कि उसने क्या जवाब दिया क्योंकि उस समय वह बहुत अशान्त थी। शिपमैन ने कहा कि सुबह ही वह उन्हें देखने उनके घर गया था। अपनी माँ की वसीयत बदलने का जिक्र करते हुये उसने अदालत को बताया कि माँ की आदत हर काम को साफ सुथरे ढंग से करने की थी। उसने कहा कि अपनी डायरी में उसकी माँ ने सब कुछ साफ-साफ लिख रखा था। 81 साल की उम्र में भी सेहत अच्छी भली थी। पाँच मील चलने और वापस आने के बाद वह जरा भी थकान महसूस नहीं करती थीं। मजाक में हम कह देते कि उनकी सेहत तो हम से भी अच्छी है।

बाकी गवाहों ने भी यही बात दोहराई जिससे कैथलीन ग्रुन्डी के भली चंगी होने की बात और भी पुख्ता होती गई।

कई दिनों बाद प्रसिद्ध सरकारी पैथॉलाजिस्ट डॉ. जॉन रुफोर्ड की गवाही हुई जिसमें उसने पोस्टमार्टम की कार्रवाईयों का ब्यौरा देते हुए कहा कि जाँच के परिणाम एक जैसे ही थे। सभी मामलों में मृत्यु वृद्धावस्था व प्राकृतिक रोग से नहीं हुई थी। इसके विपरीत सभी मामलों में मार्फीज ही मौत का कारण थी।

वसीयत पर पाए गए उंगलियों के निशानों की पहचान के लिये फिंगरप्रिंट एक्सपर्ट डॉ. रूदरफोर्ड को बुलाया गया। उन्होंने जाली वसीयत पर दो गवाहों और डॉ. शिपमैन की उंगलियों के निशान पहचाने। कैलिग्राफी विश्लेषक माइकल एलेन ने जाली वसीयत पर श्रीमती ग्रुण्डी के हस्ताक्षरों को ''हद दर्जे की धोखाधड़ी'' बताया। कम्प्यूटर विश्लेषक डिटैक्टिव सार्जेन्ट जॉन एश्ले ने गवाही दी कि किस प्रकार कम्प्यूटर से छेड़छाड़ कर मरीजों में ऐसे लक्षण रिकार्ड किए गए जो उनमें कभी थे ही नहीं।

मुकदमे के दौरान शिपमैन ने दावा किया कि उसके पास मार्फीन कभी थी ही नहीं, इसलिए उसने किसी भी मरीज की हत्या नहीं की। पर एक अन्य रोगी मौली डडले के परिवार ने इस दावे को गलत बताया। हालाँकि मूल मुकदमे में शिपमैन पर मौली की हत्या का आरोप नहीं लगाया गया था लेकिन शिपमैन ने उसे मार्फीन देने की बात स्वीकार की थी।

शिपमैन ने मौली की पुत्रवधु जॉयस को टेलीफोन पर कहा था– ''मुझे लगता है अब तुम्हारी सास आधे घण्टे से ज्यादा जीवित नहीं रहेगी।' पुत्र जेफरी और पुत्रवधु जॉयस के आने पर शिपमैन ने कहा था : ''यह हार्ट अटैक से मरी हैं।'' और तभी उसने कहा 'दर्द के लिये उसने मार्फीन की एक खुराक उन्हें दी थी।'

शिपमैन के कर्मचारियों ने बताया कि ड्रग एन्ट्रीज के बारे में वह उन्हें किस तरह भ्रान्त कर दिया करता था। कुछ 'मिसिंग मार्फीन' की कैफियत देते हुए वह कह देता कि उसने वह अपने सहकर्मियों को दे दीं जिनसे उसने उधार ली थीं। दरअसल शिपमैन अपने उन मरीजों के मार्फत मार्फीन मँगाता था जिन्हें कभी उसकी जरूरत ही न होती। या फिर वह मरने वालों की बची दवाओं के साथ मार्फीन जब्त कर लेता।

डिटैक्टिव सुपरिण्टेण्डेन्ट बर्नार्ड पॉस्टल्स ने स्पष्ट किया: "वह क्या करता था कि जिन मरीजों को वाकई मार्फिन दी जानी होती वह उन्हें मात्रा से अधिक मार्फीन लाने को लिख देता और फिर उनके घर जाकर किसी न किसी बहाने उस मार्फीन को अपने साथ ले आता।

जिम किंग नामक एक रोगी 1996 में गलती से कैंसर का मरीज घोषित कर दिया गया। शिपमैन उसे मार्फीन की भारी खुराक देता रहा। "वह मुझसे कहता कि मैं चाहे जितनी मार्फीन ले सकता हूँ, क्योंकि मरना तो मुझे है ही। जब उसकी हालत बिगड़ने लगी तो शिपमैन उसे देखने घर आया। उसने निमोनिया बताया और कहा कि एक इंजेक्शन देना होगा। जिम ने अपनी पत्नी की ओर देखा जो परेशानी में थी। शायद उनकी परेशानी का राज ये था कि जिम के पिता और आंटी भी शिपमैन के आने के बाद ही चल बसे थे। उसे याद है कि किस प्रकार डाक्टर ने उससे पूछा कि क्या इजेक्शन दे दूँ? पर मैंने मना कर दिया। वह जिद करने लगा कि इंजेक्शन देगा, पर मैंने नहीं माना। वह गुस्से में आकर वहाँ से चला गया। इस प्रकार जिम शायद मौत को धोखा देने में कामयाब रहा और डॉक्टर शिपमैन को और मार्फीन हासिल कर पाने से भी। बाद में जिम को पता चला कि उसके और कई रिश्तेदारों को भी वह इसी प्रकार मार चुका है।

ब्रिटिश पुलिस को पूरा यकीन हो गया कि शिपमैन की इन हत्याओं का सिलसिला बहुत पहले शुरु हुआ होगा। इसीलिये एक विशेष हैल्पलाइन शुरु की गई जिसमें डॉक्टर शिपमैज के इलाज के दौरान मरने वालों के दोस्तों, रिश्तेदारों की शिकायतों को दर्ज कर जाँच को आगे बढ़ाया गया।

एक तरफ मुकदमा चल रहा था और दूसरी ओर जनवरी 2001 में ब्रिटिश पार्लियामेंट में हाइकोर्ट के जज डेम जेनेट

स्मिथ की अध्यक्षता में एक जाँच ट्रिब्यूनल गठित करने की घोषणा की गई। मार्च 2001 में शुरु की जाने वाली यह जाँच गुप्त रूप से की जानी थी पर रिश्तेदारों के प्रयत्नों से इसे सार्वजनिक रूप से किया जाने का आदेश दे दिया गया।

डॉ. शिपमैन द्वारा की गई हत्याओं के विश्व के सबसे बड़े मामले की सार्वजनिक जाँच की गई। आश्चर्य तो यह है कि इतने सारे परिस्थितिजन्य व अन्य सबूतों के बावजूद डॉ. शिपमैन अंत तक अपने को बेगुनाह होने का दावा करता रहा। इसीलिए शायद ही कभी इन जघन्य हत्याओं के उद्देश्य से परदा उठे।

❑❑❑

वह जर्मन यहूदी था और उसके पूर्वज 19वीं सदी के मध्य में अमरीका में आकर बस गए थे। वह एक इज्ज़तदार और बहुत पैसे वाले परिवार से था जिसकी शिकागो के पास धनवानों की बस्ती केनवुड में शानदार महल जैसी कोठी थी।

2

थ्रिल के लिए मर्डर

वह 15 भाषाओं का जानकार था। उसने एक किशोर के कत्ल के जुर्म में 33 साल जेल की सलाखों के पीछे बिताए। जेल में ही उसने अपने जीवन को एक खूबसूरत मोड़ दिया। उसकी लिखी हुई किताब भी छपी और खूब बिकी। उसके जीवन पर फिल्में भी बनी तथा कई किताबें लिखी गई। सालों तक वह अमरीकी अखबारों की सुर्खियों में रहा। यूं यह केस 'ट्रायल ऑफ द सैन्चुरी' के रूप में प्रसिद्ध हुआ।

जेल के सींखचों में वह खामोश और उदास नहीं बैठा बल्कि उसने जमकर पढ़ाई की। जेल में उसने 12 नई भाषाएं सीखीं और इस प्रकार वह 27 भाषाओं को जानने वाला शानदार इंसान बना। उसने गणित जैसे कठिन विषय पर गहन अध्ययन किया। जेल की लाइब्रेरी और स्कूल उसके काम करने

की जगह थे। जेल में रहकर ही उसने बीमारों की सेवा की और मलेरिया जैसी बीमारियों के बचाव के लिए काम किया।

कौन था ऐसा शख्स, ऐसा कातिल? कैसे आ गया था वह जुर्म की दुनिया में?

उसका नाम था नाथन लियोपोल्ड। अब वह इस दुनिया में नहीं है। 1971 में हार्ट अटैक से उसकी मौत हो गई किन्तु मरने से पहले और जेल जीवन के बाद के बिताए गए 10 साल एक ऐसे इंसान की कहानी है जो किसी शानदार शिक्षक और समाज सुधारक से कम नहीं।

वह जर्मन यहूदी था और उसके पूर्वज 19वीं सदी के मध्य में अमरीका में आकर बस गए थे। वह एक इज्जतदार और बहुत पैसे वाले परिवार से था जिसकी शिकागो के पास धनवानों की बस्ती केनवुड में शानदार महल जैसी कोठी थी।

1906 में जन्मे नाथन लियोपोल्ड को 29 मई 1924 को केनवुड इलाके में रहने वाले बॉबी फ्रैंक्स की हत्या के जुर्म में गिरफ्तार किया गया था। बॉबी फ्रैंक्स का मर्डर उसने 22 मई 1924 को किया था। जुर्म से बचने के लिए लियोपोल्ड ने पुलिस को चकमा भी दिया, झूठ भी बोला।

पुलिस ने भी अपनी जाँच को एक नया मोड़ दिया ताकि क़ातिल सच को ज्यादा समय तक छुपा न सके। अन्त में ऐसा ही हुआ। बॉबी फ्रैंक्स के क़त्ल में क़ातिल तक पहुँचने में पुलिस के लिए सबसे कामयाब सबूत थे एक टाइपराइटर और एक चश्मा। और कातिल को सच उगलने में 24 घंटे से ज्यादा वक्त नहीं लगा। लियोपोल्ड ने पुलिस की कड़ी पूछताछ के बाद "ट्रिब्यून" अखबार के रिपोर्टर को बता दिया कि शनिवार-रविवार की रात उसका चश्मा कहीं खो गया था।"

20 मई 1924 को यानि कत्ल के 7 दिन बाद लियोपोल्ड गिरफ्तार कर लिया गया।

आइए अब यह जानें कि उसने बॉबी का मर्डर क्यों किया? क्या वह अकेला था या कोई उसका राजदां हमयार भी था?

लियोपोल्ड बहुत तेज़ तर्रार और फन लवर युवक था जो बिना कुछ सोचे समझे रोमांच और मज़े के लिए कुछ भी कर सकता था। उसका एक साथी भी था रिचर्ड लायब। 18-20 साल के ये दोनों लड़के सच कहें तो बिगड़े हुए रईसजादे थे। इस उम्र में ये दोनों सेक्स का भी भरपूर मज़ा लेते थे और थ्रिल या रोमांच के लिए कोई भी काम सफाई से करते थे। दोनों लड़कों में दोस्ती यहाँ तक पहुँच गई थी कि फन के लिए आपस में सेक्स करने लगे यानि समलैंगिक हो गए। इन दोनों ने मर्डर की योजना भी थ्रिल के लिए ही बनाई।

अब उस घटना को समझें कि कैसे इन लागों ने मर्डर को अंजाम दिया?

22 मई 1924 की दोपहर को शिकागो के सबसे अमीर घरानों के लड़के हारवर्ड स्कूल की ओर गए और बॉबी फ्रैंक्स नाम के एक लड़के का अपहरण कर लिया। उनकी योजना शातिर, तेजतर्रार और तेज दिमाग वाले क्रिमिनल की तरह हत्या करने की थी ताकि पुलिस की पकड़ में भी न आएं और मर्डर का मज़ा भी लें।

रिचर्ड लॉयब, सीयर्स एण्ड रीबक कम्पनी के वाइस प्रेसीडेन्ट का बेटा था और उतना ही धनी था जितना उसका दोस्त। चतुराई में लॉयब जरूर आगे था पर बुद्धिमान वह नहीं था। किन्तु इस सबसे बढ़कर भी जो उसके पास था वह था उसका घमण्ड। वह अपने आपको एक समझदार जासूस और शातिर अपराधी समझता था। इसीलिए वह अपने दोस्त के साथ 'परफैक्ट क्राइम' को अन्जाम देने का सपना देखता था।

लियोपोल्ड का साथ पाकर उसने 'स्कीम' बनानी शुरू कर दी। चार सालों में उन्होंने लूट, चोरी, राहजनी जैसे अपराध किए पर लॉयब के लिए ये छोटी-मोटी वारदातें थीं। वह कुछ बड़ा करना चाहता था। उसने अपने साथी को इस बात के लिए राजी कर लिया कि क़त्ल ही उनके लिए सबसे बड़ा चैलेंज और थ्रिल होगा।

इसकी योजना बनाने में उन्हें सात महीने लग गए। अपने शिकार के लिए उन्होंने बॉबी फ्रैंक्स नाम के एक चौदह साल के किशोर को चुना। वह एक करोड़पति जैकब फ्रैंक्स का बेटा था और लॉयब का दूर का रिश्तेदार भी। जान पहचान होने की वजह से 22 मई की उस दोपहर को बॉबी स्कूल से घर लौटते समय रिचर्ड लॉयब की कार में उनके साथ आराम से बैठ गया था। कार में साथ बैठे लियोपाल्ड को बॉबी ने हैलो भी किया। बॉबी के घर से कुछ ब्लॉक पहले हाइड पार्क में अचानक ही कार रोकी और उन्होंने बॉबी को अपनी जकड़ में लेकर उसके मुँह में कपड़ा ठूंसकर मुँह पर एक पट्टी बाँध दी और उसके शरीर पर हथौड़े से कई भरपूर वार किए। वह कार के फर्श पर गिर पड़ा और ज्यादा खून बहने से कार में ही उसकी मौत हो गई।

जब बॉबी के शरीर में हरकत बंद हो गई तो दोनो यंग क्रिमिनल्स का जोश कुछ ठंडा हुआ। वे इधर-उधर गाड़ी घुमाने के बाद पेन्सिलवेनिया रोड ट्रैक के साथ लगी एक खाई वॉल्फ लेक के पास आकर रुक गए। खाई में पानी भरा था। बॉबी की लाश को कार से निकाल कर लॉयब और लियोपोल्ड किनारे तक ले गए और पानी में कई बार लाश का सिर डुबो-डुबो कर उन्होंने यह इत्मीनान कर लिया कि वह सचमुच में मर गया है। अब भी उनका थ्रिल बाकी था सो उन्होंने उसके चेहरे को एसिड से जला डाला ताकि आसानी से उसकी पहचान न हो सके।

इसके बाद दोनों ने मिलकर लाश को गटर के पाइप में ठूँस दिया और अपने काम से खुश होकर लियोपोल्ड के घर आ गए।

दूसरी ओर जब शाम तक बॉबी घर नहीं पहुँचा तो उसके माता-पिता लोरा और जैकब ने प्रधान शिक्षक से पूछताछ की पर कोई सुराग नहीं लगा। आखिर उनके फोन की घण्टी बजी। एक जॉनसन नामक व्यक्ति बोल रहा था- "आपके बेटे का अपहरण कर लिया गया है। वह अच्छा भला है। आपको कल फिर सूचना दी जाएगी...." और फोन कट गया।

अगली सुबह उन्हें एक खत मिला जिसमें उनसे 10,000 डॉलर की राशि एक निश्चित स्थान पर पहुँचाने का आदेश दिया गया था। उसमें लिखा था "मैं एक पीले रंग की टैक्सी भेज रहा हूँ। उसमें बैठकर आप ड्रग स्टोर 1465 ईस्ट, सिक्सटी थर्ड स्ट्रीट पर पहुँचें।" जॉर्ज जॉनसन नामक व्यक्ति ने उन्हें पुलिस को सूचित न करने की सलाह भी दी।

थोड़ी देर बाद ही फोन की घण्टी बजी। पुलिस को एक सुनसान सी जगह पर जो लाश मिली वह उसके सामान और दूसरी चीजों से पहचान ली गई। बॉबी के पिता को फोन पर ही क़त्ल की सूचना दे दी गई। कुछ ही देर बाद ही एक पीली टैक्सी भी वहाँ पहुँची। परन्तु चालक को गन्तव्य स्थान के बारे में कुछ भी नहीं मालूम था। जैकब फ्रैंक्स को भी उस ड्रग स्टोर का पता याद नहीं रहा जिसके बारे में अपहरणकर्त्ता ने बताया था। उन्होंने चालक को वापस भेज दिया।

वैन डी बोगर्ट एण्ड रॉस नाम के इस ड्रग स्टोर में फ्रैंक्स के लिये फोन आया पर वहाँ फ्रैंक्स था ही नहीं।

अपहरणकर्त्ता की तलाश जारी थी। सुराग केवल इतना ही था कि भेजा गया पत्र किसी अच्छे पढ़े-लिखे व्यक्ति द्वारा लिखा गया था। बॉबी के स्कूल के साथियों से लेकर कई दूसरे लोगों से भी पूछताछ की गई। पुलिस के जासूस सावधानी से जाँच कर रहे थे।

अपनी कुशाग्र बुद्धि और चतुराई के बावजूद लियोपोल्ड और लॉयब जल्दी पकड़ लिए गए। हुआ यह था कि लाश को गटर में छिपाते वक्त लियोपोल्ड अपना चश्मा वहाँ गिरा बैठा था जिसके आधार पर खोजते-खोजते पुलिस लियोपोल्ड तक पहुँची। जिस टाइपराइटर पर लैटर टाइप किया गया था, वह भी पुलिस ने खोज निकाला। लियोपोलड ने एक साल पहले अपने मित्र के घर से लिया था। लाश मिलने की जगह के पास वाले पानी में भी खोज की गई।

पहले लॉयब टूटा। इसके बाद लियोपोल्ड ने भी अपराध स्वीकार कर लिया। शिकागो के लोग इस अपराध की जानकारी पाकर स्तब्ध रह गए और क़ातिलों के लिए मौत की सजा की माँग करने लगे। उन्हें पूरा विश्वास था कि उन दोनों को मौत की सजा ही होगी। पर तभी क्लेरेंस डारो नाम का एक नामचीन क्रिमिनल लायर कूद पड़ा। दोनों युवकों के अमीर पिताओं ने अमरीका के सुप्रसिद्ध डिफेन्स एटार्नी की सेवाएँ लीं। एक लाख डॉलर की फीस के बदले वह इस केस का बचाव करने को राजी हो गया। हालांकि इस केस में ताउम्र कैद तो होनी ही थी।

डारो का काम बहुत मुश्किल था पर बचाव के लिए उसने शर्मनाक हथकण्डे अपनाने से भी परहेज नहीं किया। उसने दोनों लड़कों को 'इनसेंट' घोषित कर दिया।

लियोपोल्ड के लिये उसने तर्क दिया कि वह एक गंभीर बीमारी सीज्योफेनिक से ग्रसित था।

इधर अदालत में लॉयब और लियोपोल्ड दोनों एक-दूसरे पर बॉबी की हत्या का आरोप लगा-लगा कर झगड़ते रहे। दोनों के पिताओं की इस सदमे से मौत हो गई।

स्टेट एटार्नी क्रोव के अनुसार ये महत्वपूर्ण नहीं है कि हत्या किसने की बल्कि महत्व इसका है कि लियोपोल्ड और

लॉयब दोनों ने मिलकर ये सारी साजिश रची और इसके लिए फाँसी से कम की सजा हो ही नहीं सकती।

अंत में अदालत ने दोनों को आजन्म कारावास की सजा सुना दी। जेल में रहते हुए लॉयब नहीं बदला और एक दिन एक क्रिमिनल ने उसकी जेल में ही हत्या कर दी किन्तु लियोपोल्ड ने अपने आपको पूरी तरह बदल लिया और एक बेहतर इंसान के रूप में जेल से बाहर आया।

❑ ❑ ❑

वे दोनों कामकाज तलाशने या घर से भागकर आई हुई युवतियों को मुफ़्त रहने-ठहरने और नौकरी दिलाने का झाँसा देकर सोलह साल तक अपने घर लाते रहे। घर के अन्दर आने के बाद तो वे मासूम और किस्मत की मारी लड़कियाँ सहज ही उनके शिकंजे में फँस जातीं।

3

खूंख़ार क़ातिल दम्पत्ति

वह 1 जनवरी, 1995 का दिन था। उसने जेल में नए साल के पहले ही दिन को आत्महत्या के लिए चुना और ब्रिटेन की बर्मिंघम जेल में फाँसी लगा ली। उस पर 12 लड़कियों के क़त्ल का मुकदमा चल रहा था। शर्मनाक बात तो यह है कि यह शैतान ख़ून का प्यासा ऐसा खूंखार दरिंदा था जिसने अपनी बेटियों तक को नहीं छोड़ा और उनका क़त्ल करके घर में ही दफन कर दिया। मौत से पहले एक बार उसने जेल में मिलने आए एक सामाजिक कार्यकर्ता जेनेट लीच के सामने यह मंजूर किया था कि उसने 20 मासूमों की हत्याएं कीं।

यह ख़ौफ़नाक क़ातिल था फ्रेड वेस्ट जो 25, क्रामवेल स्ट्रीट, ग्लूसेस्टर में रहता था और उसे वहीं से पुलिस ने अपनी गिरफ्त में लिया था। ब्रिटेन के इस सनसनीखेज़ सीरियल किलिंग के मामले में सबसे चौंकाने वाली बात तो यह भी है कि क़त्ल के इस खेल में उसकी साथी और कोई नहीं उसकी पत्नी रोज़मेरी ही थी। रोज़मेरी को भी पुलिस ने हत्याओं के

लिए उतना ही ज़िम्मेदार माना जितना कि उसके पति फ्रेड वेस्ट को। बाद में अदालत ने भी रोज़मेरी को दस हत्याओं के लिए गुनाहगार मानते हुए फैसला सुनाया कि ब्रिटेन की इस सबसे ख़ौफ़नाक क़ातिल औरत को जेल से कभी रिहा नहीं किया जाए। इस समय रोजमेरी डरहम जेल में कठोर सुरक्षा से लैस सैल में बंद है और उसका शेष जीवन यहीं सलाखों के पीछे बीतेगा।

इस दास्तान की एक ख़ास बात यह भी है कि फ्रेड वेस्ट के बेटे स्टीफन वेस्ट ने भी साफ़-साफ़ कहा कि उसके पिता ने 15 साल की वेट्रेस (परिचारिका) मेरी बासथोम की भी हत्या की थी। स्टीफन का कहना है कि 1968 में ग्लूसेस्टर की यह किशोरी वेट्रेस मेरे पिता की शुरुआती शिकार थी जिसकी लाश आज तक नहीं मिली। उसने यह भी बताया कि उसके पिता को इस बात का गुरुर भी था कि मेरी बासथोम और कुछ दूसरी लड़कियों के अस्थिपंजर ढूंढने में पुलिस को कामयाबी नहीं मिली। मेरी के भाई पीटर को भी इस बात का विश्वास है कि उसकी बहिन की हत्या फ्रेड ने ही की है। इस हत्या का दर्दनाक पहलू यह भी है कि मेरी के क़त्ल की ख़बर सुनकर उसकी माँ को गहरा धक्का पहुँचा और सदमे से उन्होंने दम तोड़ दिया।

रोज़मेरी और उसके पति फ्रेड वेस्ट पर 1987 तक दस नवयुवतियों की हत्या करने का आरोप लगाया गया। वे दोनों कामकाज तलाशने या घर से भागकर आई हुई युवतियों को मुफ़्त रहने-ठहरने और नौकरी दिलाने का झाँसा देकर सोलह साल तक अपने घर लाते रहे। घर के अन्दर आने के बाद तो वे मासूम और किस्मत की मारी लड़कियाँ सहज ही उनके शिकंजे में फँस जातीं। वह घर एक प्रकार से उनके लिए मौत का ऐसा कुँआ बन जाता जहाँ से उनकी चीख भी बाहर नहीं आ सकती थी और उन बदनसीबों को मौत का दामन थामना ही पड़ता था। उस मौत के पिंजरे में घुसते ही उन पर कहर

ढाना शुरू हो जाता। पति-पत्नी दोनों मिलकर खून का खेल शुरू करते। सबसे पहले उस बदनसीब लड़की को नंगा करके हेरेस किया जाता। फिर उसे टेप से बांध दिया जाता और शुरु होता बलात्कार और यौन उत्पीड़न का दौर। जब बेबस लड़की हिंसा के इस खेल में दम तोड़ने लगती तो उसे बेरहमी से मौत के घाट उतार कर वहीं उसी घर में दफना दिया जाता।

पुलिस ने 1994 में इस क़ातिल दम्पत्ति को उनके घर 25, क्रामवेल स्ट्रीट ग्लूसेस्टर से पकड़ा। सर्च वारण्ट लेकर पुलिस जबरन उनके घर में घुसी और उनकी 16 साल की बेटी हीथर की लाश के अवशेष उसी मकान से खोदकर निकालने में सफल हो गई। हीथर 1987 में गायब हुई थी। मकान और गार्डन की खुदाई से आठ और नवयुवतियों के अवशेष मिले। इनमें रोजमेरी की सौतेली बेटी चर्मेन की लाश भी थी। फरवरी 1994 में अपनी बेटी के ही लापता होने की पुलिस द्वारा जाँच पड़ताल में गिरफ़्तार इस दम्पत्ति पर बीस साल में बारह लोगों की हत्या का आरोप लगाया गया।

उनके पहले वाले घर 25ए मिडलेंड रोड, ग्लूसेस्टर की रसोई के नीचे भी एक लाश मिली। फ्रेड पर अपनी पहली पत्नी और उसके बच्चे की एक आया को भी मार कर दफनाने का आरोप लगाया गया था। जासूसों और पुलिस अधिकारियों का मानना है कि फ्रेड ने और भी बहुत सी महिलाओं के क़त्ल किए होंगे। फ्रेड ने तो पुलिस के सामने बहुत कुछ उगल दिया लेकिन रोज़मेरी ने अपनी चुप्पी नहीं तोड़ी और खुद को निर्दोष बताया। रोज़ पहले वेश्यावृत्ति करती थी। उसके घर अक्सर कई औरतें आती थीं।

अदालत ने 22 नवम्बर 1998 को रोज़मेरी को दस हत्याओं का दोषी करार दिया गया। सात पुरुष व चार महिला जजों की जूरी ने विनचेस्टर क्राउन कोर्ट में दिल दहला देने वाली गवाहियों को सुना। कोर्ट को बताया गया कि दम्पत्ति ने किस

प्रकार नवयुवतियों को भयावह यौन हिंसा का शिकार बनाया और फिर उनकी हत्या कर अपने ही घर 25, क्रामवेल स्ट्रीट, ग्लूसेस्टर शायर में दफना दिया।

जूरी ने फ्रेड के इस दावे को खारिज कर दिया कि ये हत्याएं उसने अकेले ही कीं और रोज़ का उन कत्लों से कुछ लेना-देना नहीं है। रोज़मेरी को भी तीन हत्याओं का दोषी करार दिया गया। सात हत्याओं पर फैसले 13 घण्टे की बहस के बाद सुनाए गए। पुलिस अब भी उन नौ औरतों की सरगर्मी से तलाश कर रही थी जो रोज़मेरी के पास आती थीं। रोज़मेरी के सॉलिसिटर ने कहा कि वह फैसले के खिलाफ अपील करेगा क्योंकि मीडिया की विपरीत टिप्पणियों ने ट्रायल को प्रभावित किया।

ब्रिटेन के लोगों की नज़र में यह बीसवीं शताब्दी का सबसे सेंसेशनल ट्रायल साबित हुआ जब फ्रेड की सबसे बड़ी पुत्री एन मारी ने अदालत में अपनी सौतेली माँ को पैनी नज़रों से घूरते हुए गवाही दी और बताया कि किस प्रकार आठ साल की आयु से उसके माता-पिता ने मिलकर उसके साथ यौन प्रताड़ना का अभियान शुरु किया। दूसरे दिन उसकी गवाही कई घण्टे बाद शुरु हुई क्योंकि अत्यधिक मानसिक तनाव के कारण रात को उसने नींद की गोलियाँ ज्यादा खा ली थीं। जेनेट लीच की गवाही के कारण भी मुकदमा 'डिले' हुआ क्योंकि गवाही के दौरान वह बीमार हो गई थी।

मुकदमे की एक और गवाह भूतपूर्व ब्यूटी क्वीन कैरोलिन रेन थी। वह किसी तरह वेस्ट दम्पत्ति के शिकंजे से बच निकली थी। कैरोलिन ने कोर्ट को बताया कि कैसे फ्रेड ओर रोज़ ने उसका अपहरण किया और सैक्सुअली एसाल्ट किया था। उसकी गवाही महत्वपूर्ण थी। उसके प्रासीक्यूटर ब्रिआन लेवेसन ने जूरी को बताया कि ये सिर्फ एक नमूना था कि वेस्ट दम्पत्ति किस प्रकार अपना शिकार चुनते थे।

अक्टूबर 96 में ग्लूसेस्टर सिटी काउंसिल ने 25 क्रामवेल स्ट्रीट को पूरी तरह डिमालिश कर दिया। इस जगह पर एक स्मारक बनाने की भी माँग उठी पर खतरा यह था कि वह पैशाचिक स्थान न बन जाए। मकान भले ही ढहा दिया गया हो लेकिन अभिशाप ने वेस्ट परिवार का साथ नहीं छोड़ा। इस परिवार पर दुःखद घटनाओं का काला साया बराबर मंढराता रहा। फ्रेड के भाई जॉन पर अपनी भतीजी एन मारी के बलात्कार का मुकदमा चल रहा था। इस दौरान उसने एक दिन फाँसी लगा कर आत्महत्या कर ली। खुद एन मारी ने नवम्बर 1999 में ग्लूसेस्टर के पास एक पुल से नदी में छलांग लगा दी। जनवरी 2002 में वेस्ट के बेटे स्टीफन ने वूसाल स्थित अपने घर में आत्महत्या की कोशिश की पर रस्सी टूट जाने से वह सफल नहीं हो पाया। इसलिए कि उसकी गर्लफ्रेंड उसको छोड़ कर चली गई।

अभी तक ग्लूसेस्टरशायर पुलिस यह निर्णय नहीं कर पाई थी कि फ्रेड दम्पत्ति ने आखिर कुल कितनी हत्याएँ कीं पर डरहम जेल के हाई सिक्यूरिटी सैल में बन्द रोज़मेरी कुछ भी बताने को तैयार नहीं थी।

एक डाक्यूमेन्ट्री फिल्म निर्माता डेविड मोनाधन ने 27 सितम्बर 2001 को इस दावे की जाँच की आवश्यकता बताई कि फ्रेड ने 20 और व्यक्तियों की हत्या की। डेविड ने कहा कि जेल में एक समाज सेवक के सामने फ्रेड ने मरने से पहले इन व्यक्तियों के क़त्ल को कुबूल किया। रोज़मेरी ने अपनी सजा के खिलाफ अपील करने का विचार छोड़ दिया। उसका कहना है कि वह निर्दोष है पर अपने जीवन के शेष दिन वह जेल में ही बिताने को तैयार है। उसके सॉलिसिटर ने उसके इस निर्णय पर आश्चर्य व्यक्त किया पर उसके भाई एन्ड्रयू लैट्स ने यह जानकर चैन की साँस ली कि अब वह कभी आज़ाद नहीं होगी।

□□□

फौज की नौकरी छोड़ कर आने के बाद इन्होंने पुनः अपराधी जीवन शुरू किया। इन्होंने नॉर्थ केरोलिना में दो युवतियों सूसन और मारिया डेविडसन का अपहरण कर लिया और उन्हें अपनी रखैल बना लिया। बाद में ये दोनों लड़कियां विवश होकर दोनों भाईयों के साथ पत्नियों की तरह रहने लगीं।

4

अमरीका के पहले सीरियल किलर

आज हम आपको 18वीं शताब्दी में ले जा रहे हैं और मुलाकात करा रहे हैं उन क़ातिलों से जिनका रिकार्ड अमरीका के अपराध जगत में पहले सीरियल किलर्स के रूप में दर्ज है। ये दोनों अपराधी सगे भाई थे और क़त्ल करना उनके लिए हँसी-मज़ाक था। उन्होंने अपनी ज़िन्दगी में कितने कत्ल किए इसकी गिनती उन्हें भी याद नहीं थी किन्तु वे ऐसे खूख़ार दरिन्दे थे कि किसी भी बात पर किसी का भी खून कर सकते थे। यहाँ तक कि दोनों भाईयों ने अपने नवजात बच्चों का क़त्ल करने में भी एक क्षण की देरी नहीं की थी।

.......और जैसा होता आया है क़ातिल कितना ही शातिर क्यों न हो एक न एक दिन उसका नम्बर लगता ही है और न्याय की घंटी बजती ही है। दोनों भाईयों की भी घंटी बजी और फाँसी पर लटका दिए गए। इतना ही नहीं मरने के बाद इन वहशी क़ातिलों के सर कलम करके कस्बे के चौराहे पर लटका

दिए गए ताकि कोई दूसरा इस प्रकार के अपराध करने की जुर्रत न करे।

बात सन् 1775 के आस-पास की है। उन दिनों अमरीका में एक तरफ सामाजिक और राजनीतिक क्रांति का दौर-दौरा था तो दूसरी तरफ दास प्रथा का भी बोल-बाला था। यह वह भी दौर था जब चोरी, डकैती और बलात्कार करने वाले अनेक गिरोह अमरीका के विभिन्न भागों में सक्रिय थे। इनमें एक टोरी गैंग भी था। अपराध की दुनिया में टोरी गैंग का नाम अव्वल नम्बर पर था। टोरी के गुण्डों को आज की ही तरह तब भी राजनीतिज्ञों का संरक्षण प्राप्त था।

अब बात करते हैं उन दो भाईयों की जिन्होंने 18वीं शताब्दी के अन्तिम दशकों में हत्याओं और बलात्कारों का ऐसा आतंक फैलाया कि उनके नाम से ही लोग थर्रा उठते थे। इनका नाम था विलियम हार्प और जोशूआ हार्प। ये दोनों भाई किशोर उम्र में ही घर से भाग निकले थे और अपराध की दुनिया में आ गये थे। इस काम में उन्हें टोरी गैंग ने प्रशिक्षण दिया था। दोनों भाई बिन्दास और साहसी थे।

हालांकि दोनों भाई 1775 में 13-14 साल की उम्र में घर से इसलिए भागे थे कि वर्जिनिया में दासों को सुपरवाइज़ करने का काम करें। यह वह समय था जब अमरीका में भी बड़े ज़मींदार और पैसे वाले लोग मजदूरी के लिए अपने यहाँ इंसानों को खरीद कर दासों के रूप में भर्ती कर लेते थे। इन दासों को नियंत्रित करने के लिए सुपरवाइज़र रखे जाते थे जिन्हें अच्छे पैसे मिलते थे।

दोनो भाई यह काम ढूँढ़ते, उससे पहले ही टोरी गैंग के संपर्क में आ गए और क्राइम करना शुरू कर दिया। नार्थ केरोलिना में छोटी उम्र में लड़कियों से बलात्कार करने, फार्म हाउसेज़ जलाने और पशुओं को चुराने जैसे अपराधों में इन्हें मज़ा आने लगा था।

ये 1780 में ब्रिटिश फौज में शामिल हो गए। ब्रिटिश फौज उन दिनों अमरीका में लड़ाई कर रही थी। 1780 के अक्टूबर महीने में ब्लैक स्टॉक के युद्ध में हार्प ब्रदर्स बहुत जोश से लड़े लेकिन उन्होंने फौज को छोड़ दिया और ये नार्थ केरोलिना में आकर बस गये।

फौज की नौकरी छोड़ कर आने के बाद इन्होंने पुनः अपराधी जीवन शुरू किया। इन्होंने नॉर्थ केरोलिना में दो युवतियों सूसन और मारिया डेविडसन का अपहरण कर लिया और उन्हें अपनी रखैल बना लिया। बाद में ये दोनों लड़कियां विवश होकर दोनों भाईयों के साथ पत्नियों की तरह रहने लगीं। दोनों युवतियां हार्प ब्रदर्स से घबराती थीं।

एक दिन इन दोनों कथित पत्नियों को लेकर जब हार्प ब्रदर्स चट्टामूका शहर की ओर जा रहे थे तो एक आदमी ने नवयुवतियों के साथ हुए अत्याचार पर एतराज किया तो दोनों भाईयों ने मिलकर उस आदमी को मार डाला। बाद में दोनों युवतियां निकजेक गांव में हार्प ब्रदर्स की पत्नियों की तरह दस साल तक साथ-साथ रहीं। इन महिलाओं ने दो-दो बच्चों को भी जन्म दिया पर हत्यारे पिताओं ने अपने बच्चों की भी हत्या कर दी।

फिर हार्प ब्रदर्स नाकविले के पास बीवर्स क्रिक में सेटल हो गये। 1 जून 1797 में छोटे भाई जोशूआ हार्प ने एक स्थानीय मंत्री की पुत्री सेलिराइट से विधिवत विवाह कर लिया। किसी भी बात पर, किसी से भी उलझ जाना हार्प ब्रदर्स की आदत बन गई थी। दोनों भाईयों ने नाक काउन्टी और वाईडर नेस्ट्रेल में एक-एक हत्या कर दी और वहां से मैरीलैण्ड चले गए। वहां भी उन्होंने दो मुसाफिरों की हत्या कर दी और पत्थरों से बांधकर नदी में फैंक दिया।

जैसाकि अपराधियों का हश्र होता आया है इन दोनों भाईयों का भी वही हश्र हुआ। कातिल लम्बे समय तक छिप कर

नहीं रह सकते। कहा भी गया है– 'खून सर चढ़कर बोलता है और पाप का घड़ा भरता है' सो एक दिन दोनों भाई अनगिनत हत्याओं के मामले में गिरफ्तार कर लिए गए। उन पर मुकदमा चलाया गया और फांसी पर लटका दिया गया। फांसी के बाद दोनों भाईयों के सर काट कर कस्बे के मुख्य मार्ग पर लटका दिए गए ताकि अपराधियों को अपराध न करने का सबक मिले।

❑❑❑

वह एक खूबसूरत, आकर्षक, शहरी और बिंदास नवयुवक था जो अमरीका की रिपब्लिकन पार्टी के लिए चैरिटी वर्क और कैम्पेनिंग भी करता था। सीरियल किलर जैसी कोई भी बात उसमें दिखाई नहीं देती थी।

5

राजनीति और क़त्ल का खिलाड़ी

24 जनवरी, 1989 की एक सुबह। जेल की घड़ी में सात बजकर सात मिनट हुए थे। अमरीका में गेंसविले के निकट स्टार्क जेल में जल्लाद ने बिजली के स्विच को प्रेस किया और इलेक्ट्रिक चेयर पर बैठे एक क़ातिल की गर्दन लटक गई।

जेल के बाहर सैकड़ों गुस्साए लोग खड़े थे। जब इस क़ातिल की मौत की ख़बर का पता चला तो लोगों ने तालियाँ बजाकर खुशी का इज़हार किया। लोग इसलिए भी नाराज़ थे कि कातिल ने नेतागिरी और राजनीति की आड़ में मासूम बेगुनाहों को मौत के घाट उतारा था। असल में कातिल ने कुछ सालों तक अमरीका की रिपब्लिकन्स पार्टी के लिए भी काम किया था।

कौन था ऐसा क़ातिल जिसकी मौत पर लोगों ने सुकून की सांस ली?

उसका नाम था थोडोर राबर्ट बण्डी। उसे क्रिश हैगन के

नाम से भी पहचाना जाता था। अमरीका में उसे 20वीं सदी के अंत का बहुत ही ख़तरनाक क़ातिल और बलात्कारी कहा गया।

वेडलॉक कस्बे में जन्मे बण्डी का शुरुआती जीवन वरमोंट में बीता जहाँ वह अपने दादा के साथ रहता था। उसका अपने सौतेल पिता के साथ संबंध कभी भी सामान्य नहीं रहा। बचपन से ही उसके मन में घृणा और गुस्से ने अपना घर बना लिया था। जब वह 14 साल का था, उसके भीतर अपराध की भावना दिखाई देने लगी। लोगों को उसे देखकर लगता था कि कहीं कभी यह किशोर किसी की हत्या न कर दे। इन्हीं दिनों एन मेरी बर नाम की एक 8 साल की लड़की रात के समय रहस्यमय तरीके से ग़ायब हो गई और फिर कभी नहीं मिली। इस मामले में भी कुछ लोगों ने किशोर आयु के बण्डी पर शक किया पर बात आई-गई हो गई।

बण्डी ने वाशिंग्टन विश्वविद्यालय से ग्रेजुएशन करने के बाद कानून की पढ़ाई के लिए उसी विश्वविद्यालय के 'लॉ स्कूल' में दाख़िला ले लिया। उसने इस दौरान राजनीति में प्रवेश कर लिया और रिपब्लिकन पार्टी के लिए भी प्रचार किया। पढ़ाई के दौरान वह लड़कियों में ही घुलामिला रहता था। कई लड़कियों के साथ उसके संबंध रहे।

पुलिस को मिले पुख़्ता सबूतों के अनुसार 1974 से 1978 के बीच बण्डी ने वाशिंग्टन, ओरेगन, कोलोराडो, उटाह और लोरिडा में 28 से ज्यादा लड़कियों और औरतों के रेप किए और उन्हें मौत के घाट उतार कर लाशों को ठिकाने लगा दिया। हालांकि पुलिस का कहना है कि इस दौरान बण्डी ने एक सौ से ज्यादा कत्ल और बलात्कार किए। बण्डी ने जिन लड़कियों और महिलाओं की हत्याएँ कीं उनकी लिस्ट भी अख़बारों ने विस्तार से छापीं।

वह एक खूबसूरत, आकर्षक, शहरी और बिंदास नवयुवक था जो अमरीका की रिपब्लिकन पार्टी के लिए चैरिटी वर्क और

कैम्पेनिंग भी करता था। सीरियल किलर जैसी कोई भी बात उसमें दिखाई नहीं देती थी। यही उसकी सबसे बड़ी खासियत थी कि अपनी बिंदास आदतों और नाटकीय भोलेपन के कारण उसका क्रिमिनल चेहरा पहचानना मुश्किल था। दोस्त, सम्बन्धी यहाँ तक कि पुलिस के जासूस भी उस पर सन्देह करने और हाथ डालने से कतराते थे।

नवम्बर 1974 की बरसात की एक रात थी। कैरोल दारंच जाम की एक युवती साल्ट लेक सिटी के उताह में शापिंग कर रही थी। तभी 20 साल का एक युवक उसके पास आया और बोला कि वह पुलिसमैन है। उसने पूछा कि क्या वह अपनी कार पार्किंग में छोड़ कर आई है? यदि हाँ तो उसका नम्बर क्या है?

उसने कहा कि एक आदमी कार में सेंध लगाते हुए गिरफ्तार किया गया है और वह आकर देखे कि कुछ चोरी तो नहीं हो गया। वह उसके साथ चल पड़ी पर उसे सन्देह हुआ क्योंकि शायद वह नहीं जानता था कि कार किस तरफ खड़ी थी। 17 साल की कैरोल ने तब उससे पहचान का सबूत माँगा। उसने जेब से एक कार्ड सा निकाला जो पुलिस बैज सा लगता था। कार तक पहुँचने पर जब कैरोल ने पाया कि कुछ भी चोरी नहीं गया है तो उसने कैरोल को पुलिस मुख्यालय चलकर बयान देने को कहा।

वह अपनी ओल्ड वॉक्स वैगन की ओर बढ़ा तो कैरोल को एक बार फिर शक हो गया और उसने उसका नाम पूछ डाला। उसने जवाब दिया कि वह मरे पुलिस विभाग का अधिकारी रोजलैंड हैं। उसके लहजे से कैरोल को विश्वास सा हो गया और वह कार में बैठ गई।

बण्डी की साँसों से आ रही शराब की गन्ध से वह घबरा सी गई और तब उसने देखा कि वह तो पुलिस स्टेशन की विपरीत दिशा में जा रहे थे। पास ही की एक सड़क पर जब

उसने एक क्षण के लिये कार रोकी तो कैरोल ने दरवाजा खोल कर बाहर निकलने की कोशिश की पर वह इससे भी अधिक फुर्तीला निकला। उसने कैरोल के एक हाथ में हथकड़ी फँसा दी पर दूसरे को पकड़ने में नाकामयाब रहा।

जब कैरोल ने संघर्ष जारी रखा तो उसने पिस्तौल निकाल ली और उसे मार डालने की धमकी दी। कैरोल ने दिमाग से काम लिया और दरवाजा खोल कर भाग निकली। उसने कैरोल का पीछा किया, पर जब एक कार दूसरी ओर से आ घुसी तो वह अपने वैगन में जा बैठा और तेज रफ्तार से भाग निकला।

कैरोल खुशकिस्मत थी कि बच निकली पर बण्डी को तो शिकार की तलाश थी। उसी रात उसने 17 साल की डेबी केन्ट का अपहरण किया और उसकी हत्या कर दी। बण्डी का पहला शिकार 21 साल की लिण्डा हेली थी जो वाशिंग्टन विश्वविद्यालय में मनोविज्ञान की छात्रा थी। उसका अपहरण उसके बेसमेंट लैट से किया गया।

अगले कुछ महीनों में पाँच और नवयुवतियाँ सीएट्ल क्षेत्र से गायब हो गईं। जुलाई 1974 में समानिशलेक स्टोर पार्क से एक ही दिन में दो लड़कियाँ गायब हो गईं। कुछ औरतों ने टेड नाम के एक आदमी को गले में बँधी पट्टी से बाँह लटकाए देखा था। वह अपनी बाँह को कार की छत पर रखने के लिये मदद माँग रहा था। डोरिस ग्रेलिंग उसकी मदद के लिए उसकी भूरे रंग की वाक्स वैगन तक चली गई थी। वहाँ पहुँचकर उसे सन्देह सा हुआ और वह लौट आई। परन्तु 23 साल की डेनिस और 19 साल की डेनिस नेसलंड बण्डी की चाल में फँस गईं और उसके बाद किसी ने उन्हें नहीं देखा।

इस दोहरे हत्याकाण्ड ने शहर में हलचल मचा दी पर बण्डी मनोविज्ञान की अपनी डिग्री पूरी कर शहर छोड़ कर साल्ट लेक सिटी जाने की तैयारी कर रहा था। हत्याओं का यह

सिलसिला फिर शुरु हुआ। अक्टूबर 1974 में उटाह को उसने पहला शिकार स्थल बनाया। उसके बाद तीन और हत्याएँ कीं।

16 अगस्त 1975 को साल्ट लेक सिटी के एक कस्बे में बण्डी को बिना लाइट कार ड्राइव करने पर रोका गया। उसके गोलमोल जबाब से उटाह हाइवे पेट्रोलमैन बॉब हेवर्ड को सन्देह हो गया और उसकी गाड़ी की तलाशी लेने पर एक बालों का गुच्छा, एक स्टाकिंग मास्क, एक लोहे की छड़ और हथकड़ी का एक जोड़ा मिला। उसे गिरफ्तार कर लिया गया।

बण्डी ने इस सामान के लिये व्यर्थ की दलीलें दीं। पर उसके लैट की तलाशी लेने पर स्नोमास के एक होटल का ब्रोशर बरामद हुआ। इससे पहले बण्डी कोलोराडो जाने से इन्कार कर चुका था। परन्तु जासूस जेरी थामसन ने उसकी हक़ीकत जान ली। उसने एक शिनाख़्त परेड का आदेश दिया जिसमें कैरोल व दो अन्य लड़कियों ने उसकी शिनाख़्त अपने अपहरणकर्त्ता के रूप में कर ली।

कैरोल के अपहरण के लिए उसे 15 साल कैद की सजा हो गई। 1977 में बण्डी कोर्ट की बिल्डिंग से कूद कर भाग जाने में सफल हो गया। आठ दिन बाद ही उसे एक बार फिर गिरफ्तार कर लिया गया। कोलोराडो के अधिकारियों को विश्वास था कि बर्फीले मौसम में स्कीइंग खेलों के दौरान हुई केरिन कैम्पबैल की हत्या के आरोप में वह बण्डी पर मुकदमा चला पाएंगे। दिसम्बर 1977 में वह फिर जेल से भागने में सफल हो गया। इस बार वह जेल में सेल की छत में सेंध लगा कर भाग निकला था। इस बार वह आसानी से पकड़ा भी नहीं जा सका।

भाग कर बण्डी कोलोराडो से 1500 मील दूर लोरिडा में जा बसा। इस बार वह सभ्य, सुसंस्कृत नागरिक नहीं बल्कि कानून से भागा हुआ एक अपराधी था।

15 जनवरी, 1976 को उसने लोरिडो के एक यूनिवर्सिटी कैम्पस में सेंध लगाई। यहाँ बण्डी ने 21 साल की

कला-इतिहास की छात्रा मागरिट ब्राउन पर हमला किया और 20 साल की लिजा लेवी को पीट-पीट कर मार डाला। वहाँ रह रही दो अन्य लड़कियों पर भी उसने लकड़ी के कुन्दे से वार किया पर वो दोनों बच गईं।

एक महीने बाद 12 साल की किम लीच का उसके हाई स्कूल जिम से अपहरण किया और बलात्कार के बाद उसकी हत्या कर दी। पर उसके दिन अब थोड़े ही बचे थे क्योंकि उसके पाप का घड़ा छलकने लगा था।

15 फरवरी, 1978 की सुबह पेंसाकोला की ओर एक चोरी की हुई कार चलाकर जाते हुए उसे एक बार फिर गिरफ्तार कर लिया गया।

जून, 1979 में बण्डी पर सोरोरिटी हाउस हत्याओं के लिए मुकदमा चला। बण्डी ने सभी आरोपों से साफ इंकार कर दिया और अपना बचाव खुद किया। प्रोसीक्यूशन ने अपनी गवाही में लिजा लेवी के बदन पर पाए दाँतों के निशान का बंडी के जबड़े से मेल खाए जाने का जबर्दस्त सबूत भी पेश किया।

सभी सबूतों और गवाहों के बयानों के आधार पर बण्डी को जूरी ने अपराधी घोषित कर दिया। मौत की सजा सुनाते हुए जज एडवर्ड कोवार्ट ने उससे कहा- "मुझे तुमसे कोई दुश्मनी नहीं है पर तुमने गलत रास्ता अख्तियार किया।"

मौत की कतार में खड़े बण्डी ने दस साल लोरिडा जेल में अपनी सज़ा टालने के लिये विभिन्न हथकण्डे अपनाने में बिताए। उसने कहा कि अगर उससे माफी का वादा किया जाए तो वह अपने गुनाहों को कबूलकर लेगा। बण्डी ने अपने आपको निरपराध साबित करने के लिए कहा कि हत्याएँ उसने नहीं बल्कि उसके अन्दर बैठी किसी तीसरी "आत्मा" ने की हैं। उसने कहा कि कामुक और अश्लील किताबों ने उसे पागल कर दिया था और अपने शिकार पर पूरा नियन्त्रण पाकर वह अति आनन्द अनुभव करता था। उसने कहा कि उसका प्राथमिक उद्देश्य

बलात्कार हुआ करता था और उन्हें अपने खिलाफ गवाही देने से रोकने की गरज से ही वह उनकी हत्या कर दिया करता था।

पर बंडी के ये कानूनी दांव-पेंच उसके किसी काम न आ सके और 24 जनवरी, 1989 को सुबह गेन्सविले के निकट स्टार्क जेल में सुबह सात बजे उसका सिर मूंड कर इलैक्ट्रिक चेयर पर बिठा दिया गया। उसके बाद वह अपने वकील की तरफ एक बार देख ही पाया था कि उसकी छाती और मुँह पर पट्टे कसने के बाद इलेक्ट्रोल से भरा एक स्टील कनटोपा उसे पहना दिया गया। 7 बजकर 7 मिनट पर जल्लाद ने बिजली का स्विच दबाया और बंडी के शरीर में जैसे ही बिजली का हाई करंट दौड़ा, एक खिंचाव और झटके के साथ उसकी मौत हो गई। उसकी मौत पर अफसोस करने वालों में उसकी माँ लइज बण्डी के अलावा शायद ही कोई था।

❑❑❑

यह जानकर हैरानी होगी कि वह एक विवाहित आदमी था और उसका शादी-शुदा जीवन आराम से बीत रहा था। यहाँ तक कि पति-पत्नी के बीच किसी भी प्रकार का तनाव नहीं था।

6

बलात्कार का शौकीन क़ातिल

नाम : एल्बर्ट डि साल्वो, स्थान : बोस्टन, शिकागो-अमरीका, जन्मः 1931, अपराध : 13 स्त्रियों की हत्या, सजा : केवल उम्र कैद।

यह एक ऐसे सीरियल किलर की कहानी है जो कामोत्तेजना के बाद किसी भी अकेली महिला के घर में पुलिस या जासूस के बहाने घुस जाता, आनन-फानन में उसे बलात्कार का शिकार बनाता, उसकी हत्या करता और आराम से अपने काम पर निकल जाता था। कई सालों तक उसे पकड़ा नहीं जा सका क्योंकि किसी ने भी नहीं सोचा कि यह आदमी एक सीरियल किलर हो सकता है। वस्तुतः वह एक खूनी दरिन्दा ही था।

उन दिनों बोस्टन शहर की औरतें और मर्द एक प्रकार की दहशत में जी रहे थे क्योंकि पिछले दो साल से शहर में बलात्कार की घटनाएँ बढ़ गई थीं। बलात्कार की शिकार दो दर्जन से अधिक औरतें और उनमें से 13 औरतों की हत्या ने

पुलिस की नींद उड़ा दी थी। पुलिस को अब एक ऐसे कातिल की तलाश थी जो बड़ी सफाई से अपने खौफ़नाक कारनामों को अंजाम दे रहा था। यह जानकर हैरानी होगी कि वह एक विवाहित आदमी था और उसका शादी-शुदा जीवन आराम से बीत रहा था। यहाँ तक कि पति-पत्नी के बीच किसी भी प्रकार का तनाव नहीं था। उसकी पत्नी कभी यह सोच नहीं सकती थी कि उसका मर्द एक ऐसा शैतान है जो औरतों को अपने वहशीपन का शिकार बनाता है। कोई भी यह नहीं जान पाया कि वह ऐसा संगीन जुर्म क्यों करता था?

अब उसकी ज़िन्दगी के कुछ पन्नों को पलट्ते हैं।

एल्बर्ट डि साल्वो किसी भी अकेली औरत के घर के भीतर घुसने के लिए एक जासूस बन जाता था। अपने शिकार को फँसाने के लिए वह तफ्तीश के बहाने घुसता था। उसका शिकार केवल औरतें होतीं जिनके साथ वह यौनाचार करता और उन्हीं की किसी वस्तु-कपड़ों इत्यादि से उन्हें बाँध कर वह उनकी हत्या कर देता था। कुछ मामलों में तो ज़िन्दा लोगों के तेज़ धारदार हथियारों से टुकड़े कर देने और छुरा भोंकने के भी प्रमाण मिले। अपने शिकार का कत्ल करके उन्हें वह नंगा करके लिटा देता था ताकि जो भी घर में घुसता उसके सामने सबसे पहले एक खौफनाक सन्नाटा छा जाता था।

30 जून 1962 को 65 साल की बुढ़िया हेलन लेक ब्लेक की हत्या के बाद फोरेंसिक मनोचिकित्सकों को औरतों के इस हत्यारे की रूपरेखा तय करने के लिए कहा गया। जाँच पड़ताल के बाद मनोचिकित्सकों ने राय दी कि कातिल 18 से 40 साल के बीच का आदमी है जो अपनी माँ के प्रति घृणा से भरा हुआ है और पकड़े जाने से डरता है तथा सजा से भयभीत रहता है। पर 5 दिसम्बर 1963 को 20 साल की युवती सोफी क्लास की हत्या के बाद इस राय पर पानी फिर गया।

प्रसिद्ध अमरीकन मनोचिकित्सक डा. जेम्स ब्रुसेल ने कातिल की एक नई रूपरेखा पेश की। हत्यारा 30 साल के आसपास का मजबूत कद-काठी, औसत कद, क्लीन शेव, गहरे काले बालों वाला स्पेनिश या इटेलियन पृष्ठभूमि का विक्षिप्त सा युवक हो सकता है। असलियत में हत्यारे के गिरफ्त में आने पर यही रूपरेखा सही साबित हुई।

पुलिस द्वारा यह सवाल किए जाने पर कि वह युवतियों से लेकर अधेड़ उम्र की औरतों को अपना शिकार क्यों बनाता था, उसने अधीरता से जवाब दिया- "आकर्षण से इसका कोई लेना-देना नहीं। जब मुझ पर यह आवेग सवार होता है तो मैं एकदम इसके वश में हो जाता हूँ। काम पर जाने की बजाए मैं कोई बहाना बना कर निकल पड़ता हूँ। ड्राइव करना शुरू करने पर मेरे सामने एक रूपरेखा बननी शुरू हो जाती है और मैं इस बात से बेख़बर हो जाता हूँ कि मैं कहाँ जा रहा हूँ।"

जासूस के वेश में वह 27 अक्टूबर 1964 को एक युवती के घर में घुसा। उसने युवती को बिस्तर के साथ बाँधा और फिर यौनाचार करने के लिए उसकी ओर बढ़ा। फिर अचानक 'आई एम सॉरी' कह कर वह चल दिया। युवती द्वारा दिए गए हुलिए ने उसकी पहचान एल्बर्ट डि साल्वो के रूप में करा दी और अख़बार में फोटो छपने पर कई औरतों ने उसकी पहचान कर ली।

इससे पहले पिछले दो वर्षों में हुई हत्याओं के लिए डि साल्वो पर सन्देह नहीं किया गया था। पर बलात्कार के एक आरोप की स्वीकारोक्ति करने पर उसे बोस्टन स्ट्रेंगलर के रूप में पहचान लिया गया। किन्तु उसकी इस स्वीकारोक्ति का कोई प्रमाण नहीं मिल पाया और राहजनी और यौन अपराधों के मुकदमे उस पर चलते रहे। 1967 में उसे उम्र कैद की सजा सुनाई गई जिसके बाद उसे जेल भेज दिया गया।

किन्तु छः साल बाद जेल के ही सैल में किसी ने उसकी हत्या कर दी।

जेल अधिकारी भी इस बात से सकते में हैं कि जेल के ही भीतर हत्या करने वाले का सुराग आखिर अब उनको क्यों नहीं मिला?

❑❑❑

जस्टिस मैक्सवेल ने सभी पाँचों हत्यारों को सज़ा सुनाते हुए कहा "मैंनें अपने 40 साल के कानूनी जीवन में ऐसे वहशी क्रिमिनल्स नहीं देखे जिन्होंने इतने घिनौने तरीके से किसी महिला पर सेक्सुअल अत्याचार किए हों।"

7

एक हसीना और पांच क़ातिल!

वे पांच खौफनाक हत्यारे थे। आस्ट्रेलिया की न्यू साउथ वेल्स जेल के सींखचों से वे कभी आज़ाद नहीं हो सके। जेल में ही उनकी मौत हुई। इन पांचों हत्यारों को सख़्त कैद की सज़ा दी गई थी। ये पांच हत्यारे थे– जॉन रेमण्ड ट्रेवर्स, माइकल जेम्स मर्डोक, लेसली जोसेफ मर्फी, माइकेल पैट्रिक मर्फी और ग्रे स्टिवन मर्फी।

ये पांचों हत्यारे थे कौन? इन्होंने किसका मर्डर किया था?

एक हत्यारे माइकेल पैट्रिक मर्फी को छोड़कर बाकी चारों हत्यारे 25 साल से कम उम्र के युवक थे और बुरी आदतों के शिकार थे। इनका गैंग लीडर जॉन ट्रेवर्स एक दरिन्दा था जो इंसान को भेड़–बकरी समझता था। इनके बारे में जानने से पहले मैं उस बर्बर वारदात की जानकारी देता हूँ, जिसके कारण ये निर्मम हत्यारे जेल में सड़ते रहे और फिर वहीं मरे।

इन हत्यारों ने 26 साल की एक आकर्षक युवती अनिता लोरेन कॉबी की हत्या की थी। आइए पहले जानते हैं अनिता के बारे में।

अनिता एक नर्सिंग सिस्टर थी और सिडनी के एक हॉस्पिटल में काम करती थी। सिडनी शहर से 40 किलोमीटर दूर एक उपनगर ब्लैकटाउन में अपने माता-पिता गेरी और ग्रेस लिंच तथा छोटी बहन 21 साल की कैथरीन के साथ मज़े की ज़िंदगी जी रही थी। वह बहुम खुशमिजाज़ लड़की थी। लिंच परिवार के सदस्य किसी भी प्रकार का नशा नहीं करते थे। घर परिवार में शराब तक नहीं आती थी।

पढ़ाई के दिनों में अनिता एक अच्छी स्टूडेंट थी और आकर्षक नाक-नक्श वाली खूबसूरत लड़की के रूप में पहचानी जाती थी। उसने स्पास्टिक सेंटर के लिए धन इकट्ठा करने वाले एक कार्यक्रम में भाग लिया और 'मिस वेस्टर्न सबर्ब चेरिटी क्वीन' चुनी गई। लंबी, काले घुंघराले बालों, निर्दोष मुस्कान और बड़ी आंखों वाली अनिता की तस्वीर सिडनी के अखबारों में खूब छपी थी।

अनिता के माता-पिता को उसके ब्यूटी क्वीन चुने जाने से बहुत खुशी हुई थी और वे चाहते थे कि उनकी बेटी ग्लैमर की दुनिया में अपना सिक्का जमाए। किंतु अनिता बीमार लोगों की सेवा करना चाहती थी, सो उसने ग्लैमर की दुनिया में रहने के बजाय नर्सिंग का कोर्स ज्वाइन कर लिया। उसने माइक्रोसर्जरी को अपना विषय चुना। वह अपने काम में बहुत दिलचस्पी लेती थी। उसके साथी और मरीज उससे बहुत खुश रहते थे।

खुशमिजाज अनिता के जीवन में एक युवक आया जॉन कॉबी। जॉन और अनिता एक-दूसरे से प्यार करने लगे। जॉन भी नर्सिंग का कोर्स कर रहा था और वह अनिता से तीन साल

सीनियर था। जब अनिता ने जॉन को अपने मां-बाप से मिलाया तो वे बहुत खुश हुए। दोनों ने मार्च 1982 में चर्च में शादी कर ली। शादी के तीन साल तक इनका हनीमून चलता रहा। देश और दुनिया की खूब सैर की। कुछ समय तक अनिता और जॉन ने न्यू साउथ वेल्स नॉर्थ कोस्ट के कोफ्स हार्बर में नौकरी कर ली। पति-पत्नी ज्यादा दिन वहां नहीं रहे और फिर अनिता और जॉन 1985 में सिडनी लौट आए। सिडनी लौटने के एक महीने के भीतर ही दोनों के बीच मन-मुटाव हो गया और दोनों अलग हो गए। अनिता अपने पैरेंट्स के साथ रहने के लिए ब्लैकटाउन चली आई। वैवाहिक जीवन में हुए इस बिखराव से दोनों बहुत दुःखी हो गए लेकिन फोन पर संपर्क का सिलसिला कई दिनों तक चलता रहा। किस्मत ने उन्हें फिर कभी जुड़ने नहीं दिया।

प्रेम और विवाह की टूटन से अनिता भीतर ही भीतर मायूस हो गई। उसने अपनी पीड़ा को भुलाने के लिए वापस सिडनी हॉस्पिटल ज्वाइन कर लिया। अपने गम को भुलाने के लिए वह दिन-रात अस्पताल के काम में मशगूल रहने लगी। वह जब भी नाइट ड्यूटी करती अपने फादर को पिक करने के लिए बुला लेती थी। उस दिन शाम के साढ़े पांच बजे थे। रविवार का दिन था और तारीख थी 2 फरवरी 1986।

अनिता अपनी दो नर्स साथियों के साथ रेडफर्न के एक लेबनानी रेस्टोरेंट में डिनर के लिए गई। डिनर के बाद उसके दोनों सहयोगियों ने उसे सेन्ट्रल रेलवे स्टेशन पर ब्लैक टाउन स्टेशन की ट्रेन पकड़ने के लिए ड्रॉप कर दिया। रात हो चुकी थी इसलिए सहयोगियों ने अनिता को अपने साथ उन्हीं के घर चलने को कहा किंतु अनिता 'गुडनाइट' कहते हुए स्टेशन के रैम्प पर आगे बढ़ गई। ये दोनों दोस्त ही थे जिन्होंने अनिता को मर्डर से पहले अंतिम बार देखा था। लेकिन अनिता घर नहीं पहुँची। दो दिन तक अनिता के बारे में किसी को कुछ पता नहीं चला।

दूसरे दिन हार-पछ्ता कर उसके पिता ने अपनी बेटी के लापता हो जाने की रिपोर्ट पुलिस में दर्ज कराई।

4 फरवरी 1986। सिडनी के एक उपनगर 'टीन रोड' में रहने वाले एक किसान जॉन रीन ने सिडनी पुलिस को फोन पर सूचना दी कि उसके फार्म हाउस के पास एक युवती की नंगी लाश पड़ी हुई है। जॉन ने पुलिस को यह भी कहा कि डेड बॉडी को देखने से ऐसा लगता है कि शायद उसकी हत्या की गई है।

पुलिस तुरंत ऐक्शन में आ गई। पुलिस की नज़र में रीन रोड ऐसा इलाका है जो 'नोटोरियस लवर लेन' के नाम से बदनाम है। पुलिस फौरन ही जॉन रीन के फार्म हाउस पर पहुंची और लाश को अपनी कस्टडी में ले लिया। युवती की लाश को देखकर पुलिसवालों के भी दिल दहल गए।

उन्हें यह समझने में जरा भी देर नहीं लगी कि हत्यारे बहुत चालाक और खूंखार हैं। युवती के शरीर पर जगह-जगह जख्म थे। उसके सिर, वक्ष, नितम्बों, जांघों और पैरों पर खरोंचें थीं और मारपीट से शरीर पर जगह-जगह नीले निशान बने हुए थे। उसका गला काटकर मारा गया था। उससे कई-कई बार बलात्कार किया गया था और गुप्तांगों को बुरी तरह जख्मी किया गया था। पुलिस का कहना था कि मृत युवती जंगली जानवरों जैसे लोगों की बर्बरता की शिकार हुई थी।

अनिता की लाश का पोस्टमार्टम करने वाले डाक्टरों का कहना था कि संभवतः जब हत्यारे अनिता का गला काट रहे थे तब वह होश में थी। उसके साथ एक से अधिक लोगों ने बलात्कार किया था।

लाश को कब्जे में लेने के बाद पुलिस के जासूस सार्जेंट केनेडी और जासूस कांस्टेबल हेसकेट ने पुलिस रिकार्ड की जांच शुरू की। रिकार्ड में दर्ज लापता युवतियों के विवरण को पढ़ने

और जांचने के बाद दोनों जासूसों ने लिंच फैमिली के घर का दरवाज़ा खटखटाया। पुलिस को देखकर ग्रेस और गेरी लिंच किसी अनहोनी की आशंका से डर गए।

पुलिस के जासूसों सार्जेंट केनेडी और कांस्टेबल हेसकेट ने मिस्टर लिंच से कहा कि उन्हें एक युवती की लाश मिली है और वह उस विवरण से मिलती है जो अनिता के लापता होने की रिपोर्ट के साथ पुलिस में दर्ज किया गया था। सार्जेंट केनेडी ने लिंच–दंपत्ति को एक रिंग भी दिखाई तो उन्होंने उसे पहचान लिया और कहा कि इसी तरह की रिंग उनकी डॉटर पहनती है।

जासूसों ने अनिता के फादर गैरी लिंच से पूछा कि क्या वे उनके साथ चलकर मुर्दाघर में रखी उस लाश को पहचान सकते हैं कि वह उनकी खोई हुई बेटी की लाश है या किसी दूसरे की। जासूसों ने मिस्टर लिंच को सहारा दिया और उन्हें अपने साथ मुर्दाघर ले गए। पिता ने बेटी अनिता की लाश को पहचान लिया। वे सदमे से घिर गए। उनके लिए अब सबसे जरूरी था बेटी के हत्यारों की खोज और उन्हें सजा दिलाना। उन्होंने पुलिस पर इस बात के लिए ज़ोर दिया। पुलिस भी ऐसे 'जंगली जानवरों' को जल्दी से जल्दी पकड़ना चाहती थी।

ब्लैकटाउन पुलिस स्टेशन में एक टॉस्क फोर्स का गठन किया गया। इस मर्डर ने सिडनी शहर में सनसनी फैला दी। जनता ने मांग की कि पुलिस हत्यारों का जल्दी से जल्दी पता लगाए और उन्हें मौत की सज़ा दिलाए। जनता का कहना था कि इस प्रकार के क्राइम करने वालों के लिए कानून में मौत की सज़ा का प्रावधान है।

इलाके की खुफिया पुलिस को पांच युवकों के एक गैंग पर शक हुआ। इस गैंग पर महिलाओं के साथ पाशविक अत्याचारों के कई आरोप पहले भी लग चुके थे। उनका लीडर रेमण्ड ट्रेवर्स नाम का एक युवक था।

आइए देखते हैं कि रेमण्ड ट्रेवर्स कौन था?

रेमण्ड ट्रेवर्स उस समय मात्र 17 साल का था। पुलिस को इस बात का संदेह था कि उसने कम से कम एक दर्जन स्त्रियों के साथ बलात्कार किया था। यह युवक 12 साल की उम्र से ही माता-पिता के कंट्रोल से बाहर हो गया था और ड्रग्स का आदी था।

सात संतानों में सबसे बड़ा रेमण्ड माउंट ड्रूट की एक बस्ती में पला-बढ़ा। यह एक ऐसी बस्ती थी जिसमें क्रिमिनल्स का बोलबाला था। इस बस्ती में सभी प्रकार के क्राइम होते थे और ड्रग्स आदि का धंधा करने वाले क्रिमिनल्स भी रहते थे। रेमण्ड का बाप एक ड्राइवर था और इतने बड़े परिवार का खर्चा चलाने में असमर्थ था। उसकी मां छोटे-मोटे काम करके जैसे-तैसे घर चलाती थी।

रेमण्ड ट्रेवर्स के बारे में पुलिस का कहना था कि वह एक वहशी किस्म का इंसान था जिसे जानवरों की हत्या करने का शौक था। वह पशुओं के साथ सेक्स भी करता था और उसे ऐसा करते हुए लोगों ने देखा भी था। उसे टैट्रूज (गोदना) का बहुत शौक था। उसने अपने पूरे शरीर, यहाँ तक कि लिंग पर भी गोदना गुदवा रखा था। यह जालिम इंसान रेलवे स्टेशनों के एकांत स्थानों और सुनसान टायलेट्स आदि जगहों पर औरतों को बलात्कार का शिकार बनाता था। ट्रेवर्स का एक और दोस्त था माइकल जेम्स मर्डोक। वह भी उसी की उम्र का था और दोनों बचपन से एक-दूसरे को जानते थे। मर्डोक ने भी ट्रेवर्स के साथ अपने लिंग पर गोदना गुदवा कर पक्की दोस्ती का सबूत दिया था।

चलिए अब यह भी जानें कि पुलिस ने आगे की कार्यवाही कैसे की?

जॉन रीन के फार्म हाउस में जिस स्थान से अनिता

कॉबी की लाश मिली थी उसी के पास घोड़ों की कसरत के लिए एक बाड़ा बना हुआ था और पानी गर्म करने के लिए एक बॉयलर भी था। पुलिस ने सैकड़ों लोकल क्रिमिनल्स से पूछताछ की। सेक्स क्रिमिनल्स और गुंडों पर खास ध्यान दिया गया। खुफिया पुलिस गहराई से जांच करती रही।

पुलिस ने उन दोनों दोस्तों से भी पूछताछ की जिनके साथ अनिता ने अपने जीवन के अंतिम घंटे बिताए। लेकिन कोई भी यह नहीं बता सका कि अनिता ने उस रात ब्लैकटाउन की ट्रेन पकड़ी थी या नहीं।

जांच के दौरान पुलिस को सबसे पहली जानकारी मिली न्यूटन रोड पर रहने वाले एक आदमी से। उसने पुलिस को फोन पर बताया कि उसने रविवार की रात ब्लैकटाउन स्टेशन के पास एक लड़की को जबर्दस्ती एक कार में धकेलते हुए कुछ लोगों को देखा था। वह लड़की चीख-चिल्ला रही थी। उस आदमी ने पुलिस को यह भी बताया कि ग्रे और व्हाइट रंग की होल्डेन किंग्सवुड कार थी। अनिता की लाश के मिल जाने के दो दिन बाद न्यू साउथ वेल्स की सरकार ने अनिता के हत्यारों को पकड़वाने वालों को 50 हजार डॉलर का इनाम देने की घोषणा की।

उधर मंगलवार 11 फरवरी के दिन पुलिस को फोन पर जानकारी देते हुए एक आदमी ने कहा कि वह हत्यारों को जानता है किन्तु उनसे डरता है। पुलिस ने उस व्यक्ति को विश्वास में लिया तो उसने बताया कि इस मामले में जॉन ट्रेवर्स और दो अन्य क्रिमिनल्स मिक मर्डोक और लेस मर्फी शामिल हैं। इन लोगों ने कुछ दिनों पहले वह कार चुराई थी जिसका इस्तेमाल इस क्राइम में किया गया था।

खुफिया पुलिस का मानना था कि यह सूचना सही हो सकती है क्योंकि खूंखार हत्यारे के रूप में ट्रेवर्स का नाम पुलिस रिकार्ड में दर्ज है। जब कई दिनों तक पुलिस को कोई क्लू नहीं

मिला तो सरकार ने इनाम की राशि बढ़ाकर एक लाख डॉलर कर दी। पुलिस अपराधियों का पीछ कर रही थी। एक शाम पुलिस ने 'वेन्ट वर्थ विले' के पास एक स्थान पर छापा मारा।

पुलिस को जॉन ट्रेवर्स और मिक मर्डोक एक बिस्तर में सोए हुए मिले। इन दोनों ने कार चुराने की बात तो स्वीकार कर ली किन्तु अनिता कॉबी के मर्डर के बारे में अनभिज्ञता जताई।

पुलिस ने जब ट्रेवर्स से पूछा कि वह हर समय अपने साथ चाकू क्यों रखता है तो उसने लापरवाही से जवाब दिया, "यह भेड़ों को काटने के लिए है।"

इसके बाद पुलिस ने तीसरे क्रिमिनल लेस मर्फी को भी वेन्ट वर्थ विले से तीन किलोमीटर दूर एक घर से गिरफ्तार कर लिया। उसने भी अनिता के मर्डर से इंकार कर दिया। सबूत के अभाव में लेस मर्फी और मिक मर्डोक को जमानत मिल गई लेकिन उनके खिलाफ कार चुराने का मुकदमा दर्ज कर लिया गया। जॉन ट्रेवर्स को कई महिलाओं के साथ सेक्स अपराध करने के आरोप में पुलिस ने अपनी हिरासत में ही रखा था। इनमें आठ महीने पहले एक लड़की से किए गए बलात्कार का मामला भी था। पुलिस किसी तरह अनिता के मर्डर के बारे में ट्रेवर्स से सच उगलवाना चाहती थी लेकिन वह कार चोरी के अलावा किसी भी बात को स्वीकार नहीं कर रहा था।

एक दिन ट्रेवर्स ने पुलिस से कहा कि क्या वह किसी को मिलने के लिए बुला सकता है। उसने पुलिस को एक नम्बर दिया जो मिस 'एक्स' का था। उसे इस बात का भरोसा था कि कुछ महीनों पहले एक लड़के के साथ उसके द्वारा किए गए बलात्कार की घटना के बारे में मिस एक्स को पता है। जासूस केविन राउ ने मिस एक्स को फोन करके बताया "ट्रेवर्स उससे मिलना चाहता है और उसने सिगरेट भी मंगाई है।"

तब उस महिला ने पुलिस को एक लड़के के साथ किए गए बलात्कार की घटना का ब्यौरा देते हुए कहा कि ट्रेवर्स उसी के बारे में जानना चाहता है। वह महिला बहुत डरी हुई और आतंकित लग रही थी। पुलिस ने महिला को विश्वास में लेकर जान ट्रेवर्स के साथ मिस एक्स की मीटिंग अरेंज की। उसके शरीर पर टेपरिकार्डर बांध कर उसे ट्रेवर्स से मिलने के लिए भेजा गया।

ट्रेवर्स ने मिस एक्स को आतंकित करने के उद्देश्य से अनिता कॉबी के मर्डर का ब्यौरा सुना दिया और जबान बंद रखने को कहा। मिस एक्स जब जॉन ट्रेवर्स से मिलकर पुलिस के पास लौटी तो पत्ते की तरह कांप रही थी। उसकी आंखों में आंसू थे और बदन से पसीना टपक रहा था।

कत्ल के 22वें दिन पुलिस ने एक-एक करके सभी हत्यारों को गिरफ्तार कर लिया। पुलिस ने मीडिया को भी विस्तार से जानकारी दी। सिडनी शहर में इस घटना को लेकर हलचल मची हुई थी।

ब्लैकटाउन पुलिस स्टेशन में अपराधियों को देखने के लिए सैकड़ों लोग पहुंचे और सभी एक स्वर से मांग कर रहे थे कि इन हत्यारों को मौत की सज़ा दी जानी चाहिए। टीवी पर भी लोगों की रायशुमारी की गई जिसमें 95 प्रतिशत से ज्यादा लोगों ने अनिता के हत्यारों को सज़ा-ए-मौत देने की मांग की।

हत्या के 16 महीने बाद 16 जून 1987 को जॉन ट्रेवर्स और उसके गैंग को सुप्रीम कोर्ट में जब सज़ा सुनाई जा रही थी, सैकड़ों की तादाद में लोग अदालती कार्रवाई देखने के लिए घंटों खड़े रहे।

जस्टिस मैक्सवेल ने सभी पांचों हत्यारों को सज़ा सुनाते हुए कहा "मैंनें अपने 40 साल के कानूनी जीवन में ऐसे वहशी क्रिमिनल्स नहीं देखे जिन्होंने इतने घिनौने तरीके से किसी महिला पर सेक्सुअल अत्याचार किए हों।

न्यायाधीश ने कहा "जिस तरह से एक मासूम युवती को इन हत्यारों ने डराया, प्रताड़ित किया, शारीरिक रूप से यातनाएं दीं और यहां तक कि ओरली, एनेली और वेजाइनली रेप किया वह दिल दहला देने वाली वारदात है।"

जस्टिस मैक्सवेल ने प्रत्येक हत्यारे को आजन्म कारावास की कठोर सज़ा सुनाते हुए कहा– "अनिता लोरेन कॉबी की हत्या का विवरण मुझे यह लिखने के लिए विवश करता है कि ऐसे हत्यारे कभी जेल से छोड़े ही न जाएं।"

और अन्त में अब जानते हैं 2 फरवरी, 1986 की उस खौफनाक रात्रि को घटी उस बर्बर वारदात को कि आखिर क्या हुआ था?

सामान्यतः संडे के दिन ट्रेवर्स और उसके गैंग के लोग दोपहर से लेकर शाम तक एक होटल में ड्रिंक करते रहते थे और नशे में झूमते रहते। उस दिन भी उन लोगों ने ऐसा ही किया। जब अंधेरा गहराने लगा तो सभी ने मिलकर निश्चय किया कि उस कार में घूमने निकला जाए जिसे पिछले सप्ताह ट्रेवर्स ने चुराया था। उन्हें गाड़ी में गैस भराने के लिए पैसों की जरूरत थी सो उन्होंने किसी महिला का पर्स झपटने का इरादा किया। इसी सोच-विचार में उनकी नज़र न्यूटन रोड पर अकेली जा रही एक युवती पर पड़ी। उसके कंधे पर पर्स लटका हुआ था।

इन शैतान युवकों को टारगेट अपने सामने दिखाई दिया और वे कार स्टार्ट करके आगे बढ़े और अनिता कॉबी के ठीक सामने जाकर कार रोक दी। ट्रेवर्स और मिक मर्डोक कार से कूद कर बाहर आए और अनिता को पलक झपकते ही गाड़ी के भीतर धकेल दिया। ट्रेवर्स ने अनिता को कपड़े उतारने के लिए कहा किन्तु अनिता ने इंकार करते हुए कहा, "मुझे छोड़ दीजिए मैं शादीशुदा हूँ।" लेकिन शैतान कहां मानने वाले थे। ट्रेवर्स और

मर्डोक ने जबर्दस्ती एक-एक करके अनिता के कपड़े उतारने शुरू कर दिए।

अनिता चीखने-चिल्लाने लगी तो उसके मुंह पर घूंसे मारकर उसे घायल कर दिया। लेस मर्फी कार की फ्रंट सीट पर बैठा हुआ था और अनिता पर घूंसे और मुक्के बरसाये जा रहा था। मर्फी ने थप्पड़ और घूंसे मार-मारकर उसका बुरा हाल कर दिया लेकिन अनिता अधिक देर तक इन नरपिशाचों का मुकाबला नहीं कर सकी। इन लोगों ने अनिता को निर्वस्त्र कर दिया और हाथ-पैर बांध कर कार के फ्लोर पर पटक दिया। फिर इन लोगों ने अनिता के बैग से पैसे निकाले। पैसे से कार में गैस भराने के लिए गए। गैस भराने के बाद ये लोग रीन रोड की ओर रवाना हुए। ट्रेवर्स और माइकल मर्फी कार की पिछली सीट पर चाकू की नोक पर बारी-बारी से अनिता का रेप करते रहे। जब ये दोनों रेप कर रहे थे, आगे बैठे तीनों क्रिमिनल्स अनिता के बैग की चीजें टटोलते रहे।

अनिता बुरी तरह घायल हो चुकी थी। एक स्थान पर इन लोगों ने कार रोकी और नंगे बदन अनिता को एक गड्ढे में फेंक दिया। फिर जान ट्रेवर्स, ग्रे मर्फी और लेस मर्फी कार से उतरे और तीनों ने बारी-बारी से फिर अनिता का रेप किया। मूर्छित और लहुलुहान अनिता के मुंह से आवाज़ निकलना भी बंद हो गई थी किंतु ग्रे मर्फी ने उस पर ओरल सेक्स करने के लिए दबाव दिया।

इसके बाद इन सभी पांच दरिन्दों ने मूर्छित और नग्न अनिता को उठाया और कांटेदार तार से बांध दिया। उसके शरीर पर जगह-जगह घाव हो गए, और मांस दिखाई देने लगा। फिर गैंग ने उसे उठाया और जान रीन के फार्म के पास घोड़ों के घूमने के मैदान में जमीन पर फेंक दिया। एक असहाय युवती पर बर्बर अत्याचार करने के बाद भी दरिन्दे रुके नहीं और मूर्छित अनिता के साथ एक तरफ माइकेल मर्फी ने ओरल सेक्स किया

और दूसरी तरफ ट्रेवर्स उसका रेप करता रहा। अनिता की सांसें मंद-मंद चल रही थीं और वह लगभग मरणासन्न हो चुकी थी।

पांचों दरिन्दों ने वहां से चलने का निश्चय किया। लेस मर्फी ने अनिता को खींचकर एक लात मारी और कार की ओर लौट आए।

जब सभी नरपिशाच कार में बैठ गए और रवाना होने लगे तो ट्रेवर्स ने कहा कि अगर वह जिंदा बच गई तो हम सभी को पहचान लेगी, इसलिए अब उसका मरना जरूरी है। वह कार से उतरा और बेहोश पड़ी अनिता के बालों को पकड़कर उसकी गर्दन को ऊपर उठाया और चाकू से उसका गला रेत दिया। अब अनिता कॉबी हमेशा के लिए दरिन्दों के वहशीपन से मुक्त हो गई थी।

जब अखबारों और टीवी से इस घटना का विवरण लोगों ने जाना तो हजारों की संख्या में लोग जेल पहुंचे। उत्तेजित और गुस्साए लोगों ने मांग की कि इन पांचों नरपिशाचों को केवल एक मिनट के लिए उनके हवाले कर दिया जाए ताकि वे उनको सबक सिखा सकें।

एक ईमानदार, सेवाभावी और सच्चे इंसान के रूप में सिडनी के लोग अनिता कॉबी को हमेशा याद रखेंगे लेकिन उनके दिलों में यह बात हमेशा कांटे की तरह चुभती रहेगी कि इतना घिनौना अपराध करने वाले हत्यारों को मौत की सज़ा क्यों नहीं दी गई?

❑❑❑

यह हत्यारा वेश्याओं को ही निशाना बनाता था। उसका ख्याल था कि वेश्याओं के मामले को शायद पुलिस इतनी मुस्तैदी से न सुलझाए। एफबीआई और खुफिया पुलिस की सहायता से रात-दिन जांच की गई और अपराधी को पकड़ लिया गया।

8

पांच साल में ग्यारह जिस्मफरोश हसीनाओं का क़त्ल

13 अप्रैल 2000, दिन बुधवार। सुबह के 5 बजकर 45 मिनट। खबर मिलते ही लोगों में हड़कंप मच गया। सीएनएन ने अपनी बेव साइट पर खबर इस तरह दी : 12 बजकर 30 मिनट पर डेट्रॉयट पुलिस ने रिटायर्ड अमेरिकी नौसैनिक को कई हत्याओं के मामले में गिरफ्तार कर लिया। गिरफ्तारी मिशिगन के डेट्रॉयट शहर में तीन औरतों की लाश की बरामदगी के बाद की गई। इनका रिश्ता जिस्मफरोशी से रहा था। पुलिस का मानना है कि अगर ये कत्ल साबित हो जाते हैं तो वह अपराध की दुनिया में अब तक का सबसे बड़ा सीरियल किलर माना जाएगा। उसे डेट्रॉयट शहर के डीयरबोर्न हाइट्स इलाके से गिरफ्तार किया गया।

गिरफ्तारी बड़े नाटकीय अंदाज में हुई। दरअसल वह खुद अपने जाल में फंस गया। पुलिस को चकमा देने के लिए उसने एक औरत की लाश को राउज नदी में तैरते हुए पाए जाने

की सूचना दी लेकिन वह कानून की आंख से नहीं बच पाया। पुलिस रिकार्ड के अनुसार गिरफ्तारी के समय वह 26 साल का एक नौजवान था और उसने 1993 से 1998 के बीच पांच साल में 11 खूबसूरत वेश्याओं का कत्ल करके दुनिया भर के चकलाघरों में दहशत फैला दी थी।

डेट्रॉयट की अदालत में 17 महीने तक मुकदमा चला और 39 साल की एक औरत वेंडी जोर्डन की हत्या के अपराध में उसे ताउम्र कैद की सजा दी गई। दूसरी हत्याओं की एफबीआई अभी भी जांच कर रही है। पुलिस को एक लाश ऐसी मिली, जिससे उसका रिश्ता जोड़ा जा सकता है। और वह थी 5 मार्च 1998 को नॉरफाक में कत्ल की गई वेश्या वेंडी जॉर्डन की। आखिर कौन था यह खूंखार सीरियल किलर? क्यों, कहां और कैसे की थी उसने ये हत्याएं?

हत्यारे का नाम था जॉन इरिक आर्मस्ट्रांग और वह नौसेना में सैनिक था। वह निमिज नाम के जहाज पर ईंधन भरने का काम करता था। सेना में नौकरी के दौरान उसे कई इनाम भी मिले थे और उसके साथी उसे एक अच्छा सैनिक मानते थे, लेकिन असलियत कुछ और ही थी जिसे कई सालों तक लोग नहीं जान पाए। नौकरी से डिस्चार्ज होने के बाद उसने एयरपोर्ट पर भी हवाई जहाज में ईंधन भरने का काम किया।

जॉन एरिक आर्मस्ट्रांग द्वारा की गई हत्याओं की सूची डेट्रॉयट शहर ही नहीं बल्कि अमेरिकी महाद्वीप की सीमाओं से भी बाहर पहुंच गई है। धंधा करने वाली ज्यादातर औरतों ने जब अफसरों को सूचित किया कि एक आदमी कई हफ्तों से उन पर हमला कर रहा है और उनकी जान का प्यासा बना हुआ है तो अधिकारियों ने जांच के कई तरीके अख्तियार किए।

जांच से पता चला कि वेश्याओं द्वारा बयान किया हुलिया 26 साल के नौसेना सिपाही आर्मस्ट्रांग से मिलता है तो उन्होंने उसे धर दबोचा। पुलिस की कस्टडी में वह टूट गया और

उसने थाईलैंड, सिंगापुर, कोरिया, इजरायल, हांगकांग आदि में की गई 20 हत्याओं का जुर्म भी कबूल कर लिया। आर्मस्ट्रांग के मुताबिक बचपन में उसके पिता ने उसे सेक्सुअली हैरेस किया था। उसका दिल और दिमाग नफरत से भर गया था। वेश्याओं का कत्ल करके उसे बड़ा सुकून मिलता था। जब वह कत्ल कर रहा होता था तो वेश्याओं के चेहरे में उसे अपने पिता का चेहरा दिखाई देता था।

अदालत में बचाव पक्ष के वकील ने इस घटना का मनोवैज्ञानिक सहारा लेना चाहा लेकिन उसे इसमें सफलता नहीं मिली। कत्ल का महज एक मामला प्रूव हो जाने पर उसे बामशक्कत कैद की सजा दी गई। दो घंटे के गहन विचार-विमर्श के बाद ज्यूरी ने जब फैसला सुनाया तो जॉन एरिक आर्मस्ट्रांग का चेहरा उसी तरह जड़वत था जैसा दो हफ्ते पहले मुकदमे की सुनवाई के दौरान था। उसका चेहरा भावशून्य था। वेन काउंटी सर्किट हाउस में चल रहे मुकदमे में आर्मस्ट्रांग को कत्ल का दोषी करार दिया गया। बोनी जॉर्डन ने चैन की सांस ली कि नए साल के शुरू में उसकी 39 साल की बहन वेंडी जॉर्डन की हत्या कर उसकी लाश राउज नदी में फेंक देने वाला आखिर अपनी जिंदगी के बाकी दिन सलाखों के पीछे काटेगा।

आर्मस्ट्रांग की पत्नी केरी उस समय अदालत में मौजूद नहीं थी। उसके मां-बाप और लिंड प्रिंगल गुस्से में चिल्ला रहे थे। फैसले के बाद डेट्रॉयट में रहने वाली वेंडी जॉर्डन की छोटी बहन बोनी जॉर्डन ने सरकारी वकील एलिजाबेथ वॉकर को बांहों में भर कर अपनी कृतज्ञता जाहिर की। उसकी बहन का मानना है कि वेंडी जिस्मफरोश नहीं थी। ऐसा करने की उसे जरूरत भी नहीं थी। नशे की आदी तो वह थी, पर दो साल से उसने नशा करना छोड़ दिया था।

'आज वह 41 की होती,' बोनी ने कहा। 'हमारे परिवार को इस दिन का काफी समय से इंतजार था। हम बहुत खुश

हैं कि आखिरकार इंसाफ हुआ। अब वह ऐसा काम फिर कभी नहीं कर पाएगा।'

बचाव पक्ष के वकील रॉबर्ट माइकल ने तर्क दिया कि प्रॉसीक्यूशन सिर्फ सेक्सुअल एक्टिविटी का आरोप ही सिद्ध कर पाया है, उसके मुवक्किल पर कत्ल का आरोप साबित ही नहीं हुआ है। मेरे मुवक्किल आर्मस्ट्रांग ने नदी में वेंडी की लाश देखने के बाद वहां से गुजर रही एक कार को रोका और उसको लाश के बारे में जानकारी देते हुए पुलिस को सूचित करने के लिए अनुरोध किया। पुलिस के आने तक वह वहीं रुका रहा। अगर उसकी जगह कोई और होता तो वहां रुकता ही नहीं। यही उसकी गलती थी। इस पर भी पुलिस उसे अपने साथ ले गई। उसकी निरीहता का फायदा उठाकर पुलिस ने बिना एटार्नी की मौजूदगी के उसकी गाड़ी की तलाशी ली और कत्ल के बारे में उससे पूछताछ की। कोई भी समझदार आदमी इस प्रकार की कार्रवाई करने नहीं देगा।

'आर्मस्ट्रांग जरूर थोड़ा पागल है' – माइक ने कहा। सरकारी वकील का तर्क था कि वह पागल नहीं है। वह वेश्याओं से नफरत करने वाला कातिल और झूठा इंसान है। उसके झूठ का घड़ा भर गया तो उसने पुलिस के सामने सच उगल दिया। सरकारी वकील ने अप्रैल में आर्मस्ट्रांग की गिरफ्तारी के समय किए गए कन्फैशन का हवाला देते हुए कहा। मुकदमे से जुड़ी मनोवैज्ञानिक जेनिफर बेले ने कहा, 'आर्मस्ट्रांग ने उसे बताया है कि जिन वेश्याओं के चेहरों में उसे अपने पिता का चेहरा दिखाई देता था, उन्हें ही वह अपनी हवस का शिकार बनाता और बाद में मार डालता।'

फैसले के बाद बचाव पक्ष के वकील माइकल ने कहा, 'सबूत सिर्फ हालात ने पैदा किए थे। मैं अब भी यही मानता हूं कि 'स्वीकारोक्ति के लिए उसे बाध्य किया गया।'

पुलिस चीफ बोनी नेपोलियन ने पत्रकारों को बताया कि आर्मस्ट्रांग को तीन वेश्याओं की हत्या के आरोप में गिरफ्तार किया गया था, जिनकी लाशें एक-एक करके बरामद कर ली गई थीं। अभी भी इस बात की जांच की जा रही है कि दूसरे दो राज्यों और छह देशों में हुई वेश्याओं की हत्या में वह कितना शामिल है? इस आदमी ने दुनिया भर में आतंक फैला रखा था किंतु अब वह कत्ल करने की स्थिति में नहीं रहा।

आर्मस्ट्रांग सिर्फ आठ महीने पहले डीयरबोर्न हाइट्स में आकर रहने लगा था। नार्थ कैरालिना निवासी इस आदमी की शादी हो चुकी थी। वह एक बच्चे का बाप भी था। गिरफ्तारी के पांच दिन पहले ही एक वेश्या ने डेट्रॉयट शहर की पुलिस को सूचित किया था कि एक आदमी ने उस पर हमला करने की कोशिश की थी। उस ने उस आदमी का हुलिया और उसके वाहन के बारे में भी पुलिस को जानकारी। इसी के साथ सोमवार को रेल में सफर करने वाले एक यात्री ने बताया कि एक औद्योगिक क्षेत्र के पास उसने एक लाश देखी है। जांच करने पर वहां दो लाशें और मिलीं।

तीनों लाशें वेश्याओं की थीं जिन्हें अलग-अलग समय पर मार कर वहां फेंका गया था। कातिल ने अपनी गाड़ी में ही उनके साथ सेक्स किया था। इनमें से डेट्रॉयट की 33 साल की कैली हुड भी थी।

यह हत्यारा वेश्याओं को ही निशाना बनाता था। उसका ख्याल था कि वेश्याओं के मामले को शायद पुलिस इतनी मुस्तैदी से न सुलझाए। एफबीआई और खुफिया पुलिस की सहायता से रात-दिन जांच की गई और अपराधी को पकड़ लिया गया।

आइए, देखते हैं कि कैसे वेंडी जोर्डन हत्यारे के चंगुल में फंसी।

यह साल 2000 का पहला दिन था। रात के करीब 9 बजे वेंडी 'बाहर जा रही हूं' कह कर घर से निकली थी। इसके बाद दो दिन तक उसकी कोई खबर नहीं मिली। तीसरे दिन उसकी लाश डियरबॉर्न की पहाड़ियों के बीच बहने वाली राउज नदी में तैरती पाई गई। लाश को देख पुलिस को यह समझने में देर नहीं लगी कि जरूर दाल में कुछ काला है। शक हुआ कि हत्यारे ने जोरजबर्दस्ती करने के बाद उसकी लाश को पुल से नदी में फेंका है। 39 साल की ब्लैक वेंडी रॉयल ओक के एक गैस स्टेशन में बतौर मैनेजर काम करती थी।

पुलिस के मुताबिक आर्मस्ट्रांग ने कत्ल के खौफनाक खेल की शुरूआत आठ साल पहले तब की थी जब वह रैले में नौसेना में भर्ती हुआ था। 1999 में जब आर्मस्ट्रांग को नौसेना से डिस्चार्ज कर दिया गया तो उस दौरान निमिज बंदरगाह के उसके दौरे और दुनिया के तमाम शहरों में उस दौरान अनुसलझे हत्याकांडों की सूची का मिलान पुलिस द्वारा किया जा रहा था। पुलिस को यकीन था कि डिट्रॉयट में की गई हत्याओं के अलावा सीऐट्ल की तीन हत्याओं, हांगकांग की दो तथा नार्थ कैरोलिना, थाईलैंड, सिंगापुर और वर्जीनिया में एक-एक हत्याओं में भी उसका पूरा हाथ था। जापान, कोरिया व इजरायल में भी वेश्याओं और कई दूसरी हत्याओं में उसका हाथ हो सकता है।

यह साबित हो जाने पर जहाज में पेट्रोल भरने वाला आर्मस्ट्रांग सीरियल किलर के रूप में इतिहास का सबसे अधिक घुमक्कड़ और खूंखार हत्यारा माना जाएगा।

आइए, ज़रा देखें कि वह क्या करता था? कितनी औरतों को उसने अपना शिकार बनाया?

डिट्रॉयट की गलियों में धंधा करने वाली औरतों में दहशत का माहौल था। कुछ दिनों से एक शख्स उनके पीछे पड़ा हुआ था जो उनसे बदतमीज़ी से पेश आ रहा था। उसके द्वारा अगवा किया गया एक जवां जोड़ा बड़ी मुश्किल से अपनी जान

बचा पाया था। बेहद मासूम नजर आने वाला यह नौजवान उन औरतों को अपना शिकार बनाता था जो पैसों के लिए अपना शरीर बेचती थीं। उनमें से दो के साथ उसने वेश्याओं के प्रति अपनी नफरत का इजहार भी किया था।

'हत्यारों व कामुक दरिंदों के लिए वेश्याएं आसान शिकार हो सकती हैं।' बोस्टन की नार्थ ईस्टर्न यूनिवर्सिटी के क्रिमिनल जस्टिस के प्रोफेसर जेम्स फाक्स का कहना है कि धंधा करने वाली औरतें अक्सर इन हमलों का शिकार होती हैं। उनका कहना है : 'शरीर बेचने के लिए ये औरतें किसी की भी कार में सवार हो जाती हैं और फिर मुसीबत से घिर जाती हैं। हत्यारे के लिए उनका कत्ल करना आसान हो जाता है क्योंकि वह जानता है कि ऐसी औरतें महज मजे लेने के लिए होती है।'

डेट्रॉयट में पेशा करने वाली औरतों में आमतौर पर डर बैठ गया था लेकिन कैली हुड ने गलियों में अपना सौदा करना बंद नहीं किया था। दरअसल उसे नशे की लत पड़ चुकी थी। अपनी लत पूरी करने के लिए उसे पैसों की जरूरत हर वक्त रहती थी। पैसा कमाने के लिए शरीर बेचना ही उसके लिए आसान रास्ता था।

दक्षिणी मिशिगन के एक कस्बे मस्कगान से डेट्रॉयट आई कैली हुड उन्हीं मुसीबतों से जूझ रही थी जिससे मस्कगान की बाकी गरीब जनता जूझ रही थी। मिशिगन की तरह यह कस्बा भी टूरिस्टों की मौज-मस्ती का अड्डा था। कैली यहां धंधा करने नहीं आई थी और न ही वह नशे की आदी थी। क्रिस्लर के एक ऑटो प्लांट में काम करने वाली यह लड़की अपने भावी पति से मिलने के बाद इस बड़े शहर में आई और एक के बाद एक 8 बच्चों की मां बन गई।

पांच साल पहले अपनी एक सहेली लिंडा से उसने कोकीन व हीरोइन के नशे की लत पकड़ी। एक साल पहले वह पति और बच्चों को छोड़ कर गलियों में धंधा करने वाली बन

गई जो सिर्फ नशे की लत को पूरा करने के लिए शरीर का सौदा करती थी। जाड़ों की एक रात को कैली गली के नुक्कड़ पर ग्राहक के इंतजार में खड़ी थी। तभी एक काली जीप आकर रुकी। कैली ने देखा नौसेना का वह सिपाही अक्सर सुनसान रातों को वहां नजर आता था। मिशिगन एवेन्यू से ड्राइव करते हुए वह स्ट्रीट लैंप के नीचे खड़ी कैली तक पहुंचा। एक बार वह ठिठका भी पर फिर यह सोच कर कि यहां पकड़े जाने का खतरा नहीं है, उसने कैली से पूछा, 'कैसा चल रहा है?'

कैली ने जवाब में कहा, 'मजा करोगे ?'

जवाब दिए बगैर आर्मस्ट्रांग ने जीप का दरवाजा खोल दिया। कैली ने उसे ध्यान से देखा... शायद आखिरी बार। वह जवां था पर बाल कुछ-कुछ उड़ते जा रहे थे। चश्मा लगे चेहरे पर तीन दिन की दाढ़ी मौजूद थी। उस लंबे-चौड़े आदमी का वजन 300 पौंड के आसपास लगता था। एक पल दोनों में सौदेबाजी हुई और बस, फिर कैली जीप में सवार हो गई। जीप का अंदरूनी हिस्सा काफी गर्म था। कैली हुड ने उस ब्लाक से आगे सुनसान इलाके की ओर चलने को कहा। उसने ऐसा ही किया। कैली हुड की तरफ झुकते हुए वह कुछ बड़बड़ाया। उसके भारी हाथ कैली की कमर तक पहुंचे और उसे कस लिया।

'मैं वेश्याओं से नफरत करता हूं,' कहते हुए उसने कैली का गला दबा कर उसकी हत्या कर दी।

अब बात करते हैं वेंडी जोर्डन की। जिस परिस्थिति में नदी में वेंडी जोर्डन की लाश मिली थी, उससे पुलिस असमंजस में पड़ गई। अफसरों ने सूचना भिजवाने वाले और पास खड़े भीमकाय आदमी से पूछताछ शुरू की।

'आप वहां सैर करने गए थे और वहां लाश तैरती देखी?' एक अफसर ने मासूमियत से पूछा।

'यही तो मैं कह रहा हूं। मैं एक शरीफ आदमी हूं। मैंने

ही तो आप लोगों को बुलाया। याद है न आपको...' एरिक आर्मस्ट्रांग ने कहा। लेकिन पुलिस के लिए इसकी कोई अहमियत नहीं थी। ऐसा पहली बार नहीं हुआ था जब किसी हत्यारे ने ही पुलिस को सूचित कर अपने आप को फंसाया हो।

कुछ देर बातचीत करने के बाद पुलिस आर्मस्ट्रांग को अपने साथ पुलिस स्टेशन ले गई। उसने पुलिस के जासूसों को बताया कि वह वहां चहलकदमी कर रहा था कि अचानक उसे मतली–सी आने लगी। वह पुल के ऊपर था। झांकने पर उसने बीस फुट नीचे नदी के किनारे कुछ पड़ा देखा। तभी पुलिस को सूचित किया।

पुलिस ने पूछताछ के बाद उसे जाने दिया लेकिन नजर उस पर बराबर रखी। तथ्यों की खोजबीन और जांच के बाद पुलिस ने उसे पकड़ लिया। पुलिस के मुताबिक हत्या से पहले वेंडी के साथ हाथापाई की गई थी। उससे बलात्कार भी किया गया था। वेंडी के कपड़ों पर पाए गए वीर्य के धब्बों से इस बात की पुष्टि भी हो गई। इसकी डीएनए जांच भी की गई और हत्यारे को पहचानने में मदद भी मिली।

वेंडी जॉर्डन की लाश पर कुछ ऐसे निशान भी मिले जो उसी वाहन के थे जिससे वह निकाल कर फेंकी गई थी। आर्मस्ट्रांग ने पहले तो साफ इन्कार कर दिया कि जॉर्डन की मौत से उसका कोई लेना–देना है, लेकिन जब उन्होंने उसकी कहानी की जांच की तो उसने सिर झुका कर आंखें बंद कर लीं। गिरफ्तारी से पहले पुलिस को बहुत मशक्कत करनी पड़ी।

इन हत्याओं के अपराध में आर्मस्ट्रांग को जीवन भर जेल में सड़ने की सज़ा सुनाई गई।

❑❑❑

रिजवे ने बताया कि वह वेश्याओं से नफरत करता था और सैक्स के बदले में उन्हें कुछ भी देना नहीं चाहता थाः मैं उन्हें इसलिए भी चुनता था क्योंकि वे आसानी से फँस जाती थीं और किसी को पता नहीं चलता था।

9

40 वेश्याओं के क़ातिल को पकड़ने में एक अरब खर्च

उसने 40 वेश्याओं के कत्ल किए। उसकी गिरफ्तारी पर 105 करोड़ रुपया खर्च हुआ। पहला खून उसने 12 अगस्त 1982 को किया था किन्तु साढ़े सात साल तक वह पुलिस की पकड़ में नहीं आया। कत्लों की सूची लंबी होती जा रही थी किन्तु पुलिस को कोई पुख्ता सुराग हाथ नहीं लग रहा था। लेकिन वह साढ़े सात साल बाद पुलिस के पंजे में आ ही गया। पुलिस को इसके लिए भारी कीमत चुकानी पड़ी। डिपार्टमेंट का कुल 105 करोड़ रुपया किलर को ढूंढने, जाँच करने और गिरफ्तारी पर खर्च हुआ। डीएनए ऐविडेंस ने कम से कम इन 7 महिलाओं की हत्या के सबूतों को पुख़्ता कर दिया है।

आप जरूर जानना चाहेंगे कि वो कौन था? वह वेश्याओं के ही कत्ल क्यों करता रहा? उसका नाम था गैरी लियो रिजवे। उसे 'ग्रीन रिवर किलर' के नाम से भी जाना जाता है। 18 फरवरी 1949 को अमेरिका के उटाह में जन्मे इस

क्रिमिनल का मूल पेशा पेंटर का था जो ट्रकों को रंगने का काम करता था। उसकी पहली गिरफ्तारी 30 नवम्बर 2001 को ही हो पाई। उसने सिएटल, पोर्टलैण्ड, टकोमा और वेंकुवर क्षेत्र में आपराधिक गतिविधियाँ की थीं। उसे अखबारों ने 'ग्रीन रिवर किलर' नाम दिया क्योंकि उसने हत्या के बाद लाशों को ग्रीन रिवर नदी की खाइयों और किनारे के जंगलों में गाड़ दिया था। उसके पहले शिकार के अवशेष नदी की खाइयों में ही मिले थे।

52 साल के ऑबर्न (अमेरिका) निवासी गैरी लियो रिजवे को 30 नवम्बर 2001 को 4 महिलाओं की हत्या के आरोप में गिरफ्तार किया गया। उस समय यह हत्यारा बेसबाल कैप पहने था। 20 सालों से वह वेश्याओं को रिझाता, गुलछर्रे उड़ाता और बीयर पीता आ रहा था। अपने फन में माहिर रिजवे किसी भी विषय पर घण्टों बातचीत कर सकता था। शिकार, मछली पकड़ना, यार्ड में काम करना, लकड़ी काटना और अपनी पत्नी के साथ समय बिताना उसके शौक थे।

दूसरी पत्नी के अनुसार रात को वह अपनी गोद में बाइबल रखकर टेलीविजन देखता था। सड़क छाप मजनुओं के बारे में वह अश्लील और भद्दे चुटकुले सुनाया करता। वह हमेशा से एक ही इलाके में रहता आया पर कई मकान बदल चुका था। वह होशियार था और उसकी शादीशुदा जिन्दगी मज़ेदार थी। उसके माता पिता भी साथ ही रहते थे। किशोर अवस्था तक आते-आते वेश्याओं के यहाँ अक्सर वह जाने लगा था।

सेन डियागो में उसने 2 साल नौसेना में नौकरी की। तभी उसने पहला विवाह किया। स्थानीय पुलिस विभाग में नौकरी पाने में असफल रहने पर रिजवे कैनवर्थ ट्रक कम्पनी के पेन्ट विभाग में काम करना शुरू किया जहाँ उसने पूरे 32 साल सेवा की। एक घुमन्तू पेन्टर के रूप में उसे 21 डॉलर प्रति घण्टा मिलते थे और वह एक विश्वासपात्र कर्मचारी था।

रिजवे और दूसरी पत्नी में तलाक हो गया। उसके साथियों के अनुसार वह महिलाओं से फ्लर्ट करता और भद्दे व फूहड़ चुटकुले सुनाता। अपने एक साथी को उसने एक वेश्या से फिक्स कर देने का भी ऑफर दिया।

रिजवे के बारे में उसके पड़ोसियों, साथियों और पूर्व प्रेमिकाओं की राय अलग-अलग थी। कुछ का कहना था कि वह सामाजिक प्राणी था जबकि अन्य मानते थे कि वह अलग-थलग रहता था। 52 साल की उम्र में अपनी तीसरी पत्नी जुडिथ के साथ वह सुखी वैवाहिक जीवन बिता रहा लगता था। जुडिथ एक अच्छी और निर्भय महिला थी। वह पूरी तरह रिजवे के साथ थी।

इन चार हत्याओं के लिये उसकी गिरफ्तारी से कुछ सप्ताह पहले ही वह एक वेश्या को रिझाने के जुर्म में पकड़ा गया था। 16 नवम्बर 2001 को साढ़े तीन बजे की बात है। लाल रंग के फोर्ड रेंजर पिकअप को चलाते हुए रिजवे सी टेक के इन्टरनेशनल बुलवर्ड पर रुका और नोट निकाल कर खिड़की के बाहर लहराने लगा। गली के उस पार खड़ी एक महिला ने उसे देखा और वहाँ आ पहुँची।

रिजवे ने ट्रक पार्किंग में लगाया। महिला ने कहाः मैं उसके पास पहुंची और पूछा कि क्या वह कमरा ले रहा है। उसने कहा नहीं और पूछा कि क्या मैं 'डेटिंग' कर रही हूं। मैंने कहा हाँ। क्या तुम चाहते हो? उसने कहा हाँ, मैं चाहता हूँ, पर एक सिपाही हमें देख रहा है। उसने कहा कि वह उसे एक बैंक के पास मिलेगा। इतना कहते ही उस महिला ने हल्का सा इशारा किया और पुलिस दल उसे गिरफ्तार करने पहुँच गया। वह महिला कोई वेश्या या काल गर्ल नहीं बल्कि किंग काउंटी के लिये काम कर रही एक जासूस थी। फँसाने की कोशिश में घूमने के सन्देह में रिजवे को गिरफ्तार किया गया था। उसने निरपराध होने की दलील दी पर उसका तर्क न मानते हुए

सीटेक म्युनिसिपल जज पॉल कॉड ने उसे अपराधी पाया और 90 दिन की जेल और 1000 डॉलर जुर्माना कर दिया। उसके कुछ ही दिन बाद उसे 4 महिलाओं की हत्या के जुर्म में गिरफ्तार किया गया।

रिजवे को किंग काउन्टी जेल के अल्ट्रा हाई सिक्योरिटी यूनिट में बिना जमानत के रखा गया। अमेरिका के इतिहास में किसी सीरियल किलर ने इससे अधिक हत्याओं का 'कन्फैशन' नहीं किया है। सिएटल का कोर्टरूम उन 48 महिलाओं के परिवारों से खचाखच भरा था जिनकी हत्या के रोंगटे खड़े कर देने वाले कन्फैशन 'रिजवे' ने अपने बयान में किए। उसने महिलाओं के अस्थि पंजर ढूँढ निकालने में भी पुलिस को मदद का आश्वासन इस तर्क पर दिया कि उसे फाँसी की सज़ा न दी जाए।

रिजवे ने अपने 16 पेज के बयान में इन हत्याओं की बात मानी। यह बयान कोर्ट में डिप्टी प्रॉसीक्यूटर जैफ बेयर्ड ने पढ़कर सुनाया। अपने बयान में रिजवे ने कहा कि वह वेश्याओं को ही अपना शिकार बनाता था। उसका मानना था कि वेश्याओं के कत्ल करके बचना आसान है।

रिजवे ने बताया कि वह वेश्याओं से नफरत करता था और सैक्स के बदले में उन्हें कुछ भी देना नहीं चाहता था : मैं उन्हें इसलिए भी चुनता था क्योंकि वे आसानी से फँस जाती थीं और किसी को पता नहीं चलता था। मैं जानता था कि उनके गुम होने की रिपोर्ट कभी नहीं कराई जायेगी। मैंने जिन महिलाओं की हत्या की, उनके नाम तक नहीं जानता था। इनमें से बहुतों से तो मैं पहली बार मिला था। मुझे उनके चेहरे अच्छी तरह याद नहीं। मैंने इतनी महिलाओं की हत्या की है कि मेरे लिए उनका हिसाब रखना मुश्किल है।

रिजवे ने माना कि उसने लाशें झाड़ियों में छिपाई। इस ग्रीन रिवर किलर ने हत्याओं का सिलसिला 1982 में सिएटल

से शुरू किया जहाँ उसने वेश्याओं और भागी हुई महिलाओं को अपना शिकार बनाया। ग्रीन रिवर के तट के निकट पहली लाश मिली। उससे पहले 1980 में दर्जनों औरतों के अस्थिपंजर पैसिफिक नार्थवैस्ट के दर्रों, नदियों, हवाई अड्डों के निकट मिले थे। जाँचकर्त्ताओं ने इन सभी अवशेषों में 49 को रिजवे का शिकार माना। गर्मियों तक रिजवे जाँच अधिकारियों को तीन अस्थिपंजर बरामद करा चुका था। जज रिचर्ड जोन्स ने जाँचकर्त्ताओं द्वारा रिजवे से विस्तृत पूछताछ करने के लिए अपना फैसला छः महीने तक मुल्तवी रखा।

डिप्टी प्रॉसीक्यूटर जैफ बेयर्ड ने कहा कि स्टेट द्वारा रिजवे को पैरोल की संभावना के बिना निरन्तर उम्र कैद (लाइफ टर्म्स) की सज़ा की पेशकश की जाएगी।

छः महिलाओं की हत्या भी रिजवे ने कन्फैस नहीं की। पर रिजवे ने पाँच अन्य महिलाओं की हत्या की स्वीकारोक्ति की जिनका नाम 'ग्रीन रिवर विक्टिम्स' की सूची में नहीं था।

2001 में गिरफ्तार किये गये 'ग्रीन रिवर किलर' गैरी लियन रिजवे पर 7 महिलाओं की हत्या का मुकदमा चलाया गया। प्रॉसीक्यूटर नें बताया कि डीएनए एविडेंस ने कम से कम इन 7 महिलाओं की हत्या के सबूतों को पक्का कर दिया है। पैटीथिया येलो रोब (जिसकी हत्या की गई) के पिता जाय येलो रोब ने कहा : मुझे यह विश्वास ही नहीं होता कि एक व्यक्ति ने इतनी सारी हत्याएँ कीं। वह इतने लोगों पर जुल्म और अत्याचार करता रहा।

इस क़ातिल के बारे में कुछ खास बातें

गैरी रिजवे ने 1982 में अपनी पत्नी और एक वेश्या का गला घोंट कर हत्या की थी।

1980 में उस पर एक वेश्या का गला घोटने का आरोप लगा था पर पुलिस ने उसे छोड़ दिया।

1982 में पोर्ट ऑफ सिएटल पुलिस ने उसे पार्किंग में खड़ी कार में 18 साल की कैली मैकगिनीज नामक वेश्या के साथ पकड़ा। जून 1983 में वह गायब ही हो गई।

1983 में मारिया मालवर के गायब हो जाने में उसे मुख्य अपराधी बनाया गया। गुम होने से पहले वह उसी के ट्रक में उसका मुकाबला करती देखी गई थी।

'ग्रीन रिवर किलर' 1984 में सस्पैक्ट बना जब पुलिस ने उससे पूछताछ की और उसके घर की तलाशी ली। 1986 में उसे लाई डिटेक्टर टैस्ट से गुजारा गया पर वह उसमें पास हो गया।

1987 में उसके घर की फिर तलाशी ली गई और उसे 'गॉज' का एक टुकड़ा चबाने के लिए कहा गया ताकि उसकी लार का नमूना मिल सके।

❑❑❑

'हाई वे हूकर' के नाम से बदनाम वॉरनोस एक चालाक और सनक मिजाज़ वेश्या थी। मौत की सज़ा के साथ ही अमेरिका के हर बड़े और छोटे अखबार ने वॉरनोस की कहानी को अपनी-अपनी तरह से छापा। उसकी जिंदगी पर दो फिल्में भी बनीं। ऑपेरा भी किए गए और उपन्यास भी लिखे गए।

10

सात मर्डर और कई लोगों से सेक्स

जेल में एक अनजाने जल्लाद ने इंजेक्शन की तीन सूइयाँ अच्छी तरह से जांची-परखीं और सिरिंज में 'लीदल' भर दिया। लीदल नाम के ज़हर का इंजेक्शन तैयार था। घड़ी में सवेरे के 9 बजकर 47 मिनट हुए थे। दिन बुधवार, दिनांक 9 अक्टूबर सन् 2002, स्थान अमेरिका की फ्लोरिडा स्टेट प्रिजन और उस जल्लाद ने फांसी के तख़्ते पर मौत का इंतजार कर रही 46 साल की एलीन कारलो वॉरनोस के शरीर में इंजेक्शन की तीनों सुइयाँ घुसेड़ दीं और ज़हर भर दिया। सुइयाँ उसके शरीर में तब तक घुसाए रखी गईं तब तक उसके दिल ने पूरी तरह काम करना बंद नहीं कर दिया। कुछ क्षणों में ही वॉरनोस ठंडी हो गई और मर गई।

उसने सात लोगों का मर्डर किया था किन्तु सातवें मर्डर के बारे में कोई पक्का सबूत नहीं मिला और वह मर्डर अदालत में प्रूव नहीं हो पाया इसलिए उसे छह मौत की सजाएं एक साथ दी गई थीं।

आखिर ये एलीन कारलो वॉरनोस थी कौन? उसने क्राइम का रास्ता क्यों चुना?

आप जानकर हैरान होंगे कि 'हाई वे हूकर' के नाम से बदनाम वॉरनोस एक चालाक और सनक मिजाज़ वेश्या थी। मौत की सज़ा के साथ ही अमेरिका के हर बड़े और छोटे अखबार ने वॉरनोस की कहानी को अपनी-अपनी तरह से छापा। उसकी जिंदगी पर दो फिल्में भी बनीं। ऑपेरा भी किए गए और उपन्यास भी लिखे गए। आखिर क्यों?

अमेरिका में 'सीरियल किलर' एलीन वॉरनोस के नाम से जानी-पहचानी इस हत्यारी महिला ने वेश्यावृत्ति के धंधे में भी तहलका मचा दिया था। एक वेश्या के रूप में उसले लगभग दो लाख पचास हजार आदमियों के साथ सेक्स किया। पच्चीस साल के अपने वेश्यावृत्ति के कैरियर में उसने हर दिन 30 से 35 आदमियों के सेक्स की भूख शांत की।

उसके पास कोई ऐसा हुनर या स्टेमिना नहीं था बल्कि वह अंदर ही अंदर पुरुषों से नफरत करती थी और सच्चे प्यार की तलाश में वैसा कुछ करती गई जिसने उसे एक खामोश दिखने वाला दरिन्दा बना दिया। वह ड्रग्स और ड्रिंक्स की शौकीन भी थी। होश संभालने से पहले ही वॉरनोस को अपने चारों ओर नफरत और असंतोष दिखाई दिया। उसका बाप लियो डेल पिटमेन भी किशोर उम्र की लड़कियों के साथ छेड़छाड़ करने वाला अपराधी था। उसने जेल में कैद के दौरान ही फांसी लगाकर आत्महत्या कर ली थी। यह 1996 की घटना है। वॉरनोस की मां ने 15 साल की उम्र में पिटमैन से शादी की थी और उसने किशोर उम्र में ही दो बच्चों वॉरनोस और किथ को जन्म दिया। वॉरनोस की मां ने वॉरनोस के पैदा होने के दो महीने पहले ही पिटमैन से तलाक ले लिया था। वॉरनोस 1956 में पैदा हुई थी और अपने मामा के घर में पली-बढ़ी। यहां उसकी जिंदगी तनावों, लड़ाई-झगड़ों और झंझटों से भरी थी।

किशोर आयु में ही उसके साथ बलात्कार किया गया था। जल्दी ही उसे अपनी लड़की होने की विवशता समझ में आ गई थी और बलात्कार की घटना को याद करके गुस्से में भर उठती थी। जब भी वह किसी लड़के या पुरुष को देखती, उसके मन में उससे बदला लेने की इच्छा होती थी।

1971 में जब वह 14-15 साल की थी उसने एक बेटे को जन्म दिया। गर्भावस्था के दौरान उसे 'अविवाहित माताओं के होम' में रखा गया था। इस होम के कर्मचारियों का कहना था कि वॉरनोस किशोर उम्र से ही गुस्सैल, असहयोग करने वाली और मनमौजी थी। वॉरनोस ने अपने नवजात बेटे को 'होम' में ही छोड़ दिया और खुद आजाद पंछी की तरह रहने लगी। आवारा, बदनाम और अपराधी किस्म के लोगों से उसने कॉन्टेक्ट किया और धीरे-धीरे वह क्राइम की दुनिया में एंटर कर गई। उसने छीना-झपटी और वेश्यावृत्ति को रोजमर्रा की जिंदगी का हिस्सा बना लिया। अपराध की दुनिया में उसकी हरकतें बढ़ती गईं। उसे कई बार गिरफ्तार भी किया गया। कुछ मामलों में छोटी-मोटी सजाएं भी हुईं।

वक्त खिसकता गया और वॉरनोस 30 साल की हो गई। 1986 में उसकी मुलाकात 24 साल की एक लड़की टेरिया मरे से हुई जो उसे डेटोना में समलैंगिकों के एक 'बार' में मिली। दोनों एक दूसरे को प्यार करने लगे और साथ-साथ रहने लगे। वॉरनोस को मरे से जो प्यार मिला, उसे वह कभी भूल नहीं पाई। यहां तक कि मौत की सजा के दौरान जेल के सींखचों में भी उसने अपने इस प्रेमी की तारीफ की। मरे के साथ रहते हुए उसने वेश्यावृत्ति को एक नया मुकाम देना शुरू किया जबकि मरे वेश्यावृत्ति से बहुत दूर थी। वॉरनोस में आदमी को पकड़ने की जबरदस्त नजर थी और अपने आपको मछली पकड़ने के कांटे की तरह इस्तेमाल करती थी। उसने एक बार जिसे देख लिया, वह उससे बच नहीं सकता था।

फिर शुरू हुआ दिसंबर 1989 से सीरियल किलिंग का एक दौर। वॉरनोस ने सबसे पहला मर्डर किया रिचर्ड मेलोरी का। पाइंट 22 की रिवाल्वर से तीन गोलियां वॉरनोस ने रिचर्ड के शरीर में उतारीं और उसे हमेशा के लिए सुला दिया। इसके बाद वॉरनोस ने उसकी लाश कारपेट में लपेट कर ठिकाने लगा दिया, लेकिन 13 दिसंबर को सड़ी गली हालत में वह लाश मिल गई। अब वह अपने ग्राहकों की तलाश में शहर से बाहर जाने वाली सड़कों और सुनसान इलाकों में गिद्ध जैसी नजरों के साथ घूमती रहती थी। अपनी सनक को अंजाम देने के लिए उसने फ्लोरिडा हाईवे को केंद्र बनाया। वह मर्डर से पहले सेक्स के शौकीन लोगों को उकसाती। कार में ही उनसे सेक्स करती और फिर उनका मर्डर कर देती। इस तरह उसने एक के बाद एक-एक करके 7 लोगों को अपनी सनक का शिकार बनाया और मौत के घाट उतार दिया।

फ्लोरिडा पुलिस इस प्रकार के सीरियल किलिंग से चौंक गई। मर्डर की स्टाइल, रिवाल्वर की गोलियों और वाहनों में हुई किलिंग से 'मेरियों काउंटी' के अपराधिक जांच डिवीजन के कमांडर कैप्टेन स्टीव बिनेगर को अपने अनुभव से लगा कि इन मर्डर्स में किसी महिला अपराधी का हाथ हो सकता है। उन्हें साइट्स और पास्को काउंटीज में हुई हत्याओं की भी जानकारी थी। उन्होंने सीरियल किलिंग के इन रहस्यों को खोलने के लिए प्रेस की मदद लेने का निश्चय किया।

नवंबर 1990 के अंतिम सप्ताह में रॉयटर न्यूज एजेंसी ने इन हत्याओं के मामले में एक खबर प्रसारित की जिसमें घटनाओं का ब्यौरा देते हुए लिखा गया कि पुलिस इन सभी मामलों में किसी महिला की तलाश में है।

फ्लोरिडा पुलिस भी हरकत में आ गई और संभावित महिला अपराधियों के स्केचेज जारी किए गए। गहन जांच-परख के बाद पुलिस ने 5 जनवरी 1991 से वॉरनोस की तलाश शुरू

कर दी। उसकी गिरफ्तारी के लिए पुलिस को कई तरह से पापड़ बेलने पड़े। अंततः उसे गिरफ्तार कर जेल में बंद कर दिया गया।

जब पुलिस ने अपनी जांच में मरे को भी संदेह के घेरे में ले लिया तो वॉरनोस आहत हो गई। अंत में वह टूट गई और उसने अपना अपराध कबूल करते हुए कह दिया कि मरे का किसी भी मामले में कोई हाथ नहीं है। मामला अदालत में आया और तेजी से आगे बढ़ने लगा।

फरवरी 1993 तक आते-आते उसे पांच मौत की सजाएं दे दी गईं। जब उसे छठी मौत की सज़ा दी गई तो उसने फ्लोरिडा सुप्रीम कोर्ट के नाम एक लेटर लिखा जिसमें उसने कहा, 'मैं उनमें से एक हूँ जो तहेदिल से इंसान की जिंदगी से नफरत करता है और कभी भी उसे खत्म कर सकता है।'

फांसी से एक दिन पहले उसकी एक अन्य दोस्त डॉन बोटकिन्स उससे मिलने के लिए जेल में आई। बोटकिन्स और वॉरनोस मिशिगन के हाई स्कूल में साथ-साथ पढ़ते थे। बोटकिन्स ने बताया कि तीन घंटे तक चली इस मुलाकात के दौरान वॉरनोस ने जेल की कैंटीन से मंगाए गए हैम्बरगर और दूसरे स्नैक्स खाए और चाय पी। फिर बोटकिन्स के कहने पर वॉरनोस ने घुटने के बल बैठकर उन लोगों के परिवारों और मृतात्माओं के लिए शान्ति की प्रार्थना की जिनका उसने मर्डर किया था। बोटकिन्स के जाने के बाद वॉरनोस ने एक कप कॉफी मंगाकर पी और फिर रात्रि को एक बजे से सुबह साढ़े पांच बजे तक आराम से सोती रही।

जब उसकी आँख खुली तो जेल के चारों ओर कोहरा छाया हुआ था और हल्की-हल्की बूंदें गिर रही थीं। जेल के एक ऑफिसर का कहना था कि बुधवार की उस सुबह वह खुशी-खुशी मरने के लिए तैयार थी। हालांकि उसे इलेक्ट्रिक चेयर पर बिठाकर मौत की सज़ा देने का फैसला सुनाया गया था किन्तु उसने लीदल इंजेक्शन से मौत की नींद सोना बेहतर

समझा। जिस समय वॉरनोस को मौत की सज़ा दी जा रही थी उस समय फ्लोरिडा जेल के सामने सड़क पर सेटेलाइट ट्रकों के साथ एक दर्जन से अधिक टीवी चैनल्स के पत्रकार और अखबारों के संवाददाता खड़े हुए थे। जेल के सामने बड़ी संख्या में मौत की सज़ा का विरोध करने वाले सामाजिक कार्यकर्ता भी प्रदर्शन कर रहे थे।

बुरे वातावरण, नफरत से भरी जिन्दगी, अपराधी प्रवृत्ति का बाप, सच्चे प्यार और सुरक्षा की कमी तथा उद्दंड आदतों के कारण वॉरनोस अमेरिका के अपराध जगत में सनक का शिकार 'सीरियल किलर वूमन' के रूप में जानी जाएगी। जहर के इंजेक्शन लेने से पहले उसने मौत के कक्ष में कहा था– 'मैं वापरा आऊंगी प्रभु ईशु के साथ, आजादी के दिन की तरह'।

❑❑❑

मार्क ड्यूट्रॉक्स के अपराधों का रिकार्ड 25 साल पुराना है। 1971 में बेल्जियम के इस नागरिक को पहली बार चोरी, हिंसा और नशीले पदार्थों के धंधे का दोषी पाया गया था। 1986 में मार्क और उसकी पत्नी माइकेल मार्टिन को पाँच लड़कियों के अपहरण और बलात्कार के आरोप में गिरफ्तार किया गया।

11

वह क़ातिल और बलात्कारी

वह मुकदमा आठ साल चला। तीन सौ लोगों ने गवाहियाँ दीं और 44 हजार पेजों में बयान कलमबंद किए गए। इसी साल, 17 जून को 12 सदस्यों वाली जूरी ने उसे आजीवन कारावास की कड़ी सज़ा दी। केस की सुनवाई आठ साल में पूरी हुई। इतना ही नहीं, इस अपराधी के कारण पुलिस चीफ, न्याय और आंतरिक सुरक्षा मंत्री को त्यागपत्र देना पड़ा।

मार्क ड्यूट्रॉक्स ने 4 लड़कियों के साथ बलात्कार करने के बाद उनका मर्डर कर दिया था। मर्डर के बाद मार्क ने इन लड़कियों के शव अपने गार्डन और आसपास की जमीन में गाड़ दिए थे। आज बेल्जियम के अपराध-इतिहास में ड्यूट्रॉक्स का नाम सबसे घिनौने और ख़ौफ़नाक हत्यारे के रूप में दर्ज है।

मार्क ड्यूट्रॉक्स के अपराधों का रिकार्ड लगभग 4 दशक पुराना है। 1971 में बेल्जियम के इस नागरिक को पहली बार चोरी, हिंसा और नशीले पदार्थों के धंधे का दोषी पाया गया था। 1986 में मार्क और उसकी पत्नी माइकेल मार्टिन को पाँच

लड़कियों के अपहरण और बलात्कार के आरोप में गिरफ्तार किया गया। मार्क की माँ ने भी शिकायत की थी कि वह अपनी दादी के घर के चक्कर उनकी दौलत को हड़पने की नीयत से काट रहा था।

6 नवम्बर 1956 को ब्रुसेल्स में जन्मे ड्यूट्रॉक्स के माता पिता जेनिन और विक्टर अध्यापक थे। वह उसे बहुत पीटते थे इसलिए 1971 में उसने घर छोड़ दिया और समलिंगी वेश्या (होमोसेक्सुअल प्रोस्टीट्यूट) बन गया। 20 साल की उम्र में उसने शादी कर ली। उसके दो बच्चे भी हुए। वह अपनी पत्नी को बहुत मारता-पीटता था, सो वह उसे छोड़ गई। 1980 में तलाक हो गया। एक रखैल माइकेल मार्टिन से ड्यूट्रॉक्स ने दूसरी शादी कर ली। वह ड्यूट्रॉक्स के अपराधी कारनामों में बढ़-चढ़ कर हिस्सा लेती रही। 1989 में उसे 13 साल की सज़ा हुई पर 1992 में उसे पैरोल पर छोड़ दिया गया। जेल से छूटने के बाद उसने 1995-96 में छः लड़कियों का अपहरण किया पर उनमें से केवल दो, 12 साल की सबीने डेरडेने और 14 साल की लेटीसिया डेलहेज ही बच पाईं। बेल्जियम के दक्षिण-पूर्व हर अर्लान के कोर्ट ने उन लड़कियों की रोंगटे खड़े कर देने वाली दर्दनाक कहानी सुनी। ड्यूट्रॉक्स ने उनके अपहरण और बलात्कार को मान लिया। ड्यूट्रॉक्स ने लड़कियों को नींद की गोलियों के नशे में बलात्कार का शिकार बनाया। डेलहेज (22) ने बयान दिया कि अपहरण के बाद उसे बिस्तर से बाँध दिया गया और कई बार बलात्कार किया गया।

ड्यूट्रॉक्स ने दोनों युवतियों से भरी अदालत में कहा कि उसने उनके साथ जो हरकतें कीं, उसे उसका अहसास है। उसने दोनों से माफी माँगी पर डेरडेने ने उसे जवाब दिया, 'जहन्नुम में जाओ।' बेल्जियम के कानून के मुताबिक जूरी के 12 सदस्यों और तीन जजों के पैनल ने यह सज़ा मिल कर तय की थी।

❒❒❒

इसके बाद हेग ने आराम से डेकॉन की लाश के सारे कपड़े उतारे। उनके शरीर की सभी बहुमूल्य वस्तुएं भी उतार लीं। फिर 40 गैलन के एक ड्रम में डेकॉन की लाश को ठूंस दिया और ड्रम को तेजाब से भरकर ढक्कन लगा दिया।

12

लाशों को तेज़ाब में नहलाने वाला क़ातिल

दिन था 18 फरवरी 1949। 39 साल के आकर्षक युवक जॉन जॉर्ज हेग ने दांतों की एक डॉक्टर 69 साल की डूरन्ड डेकॉन को अपनी फैक्ट्री में कॉस्मेटिक सामान देखने के लिए बुलाया। हेग ने डेकॉन से कहा था कि वह सौंदर्य प्रसाधनों की मार्केटिंग के बारे में बात करना चाहता है। मेकअप की ये चीज़ें हेग की फैक्ट्री में ही बनाई गई थीं, जो ससैक्स में थी। जब श्रीमती डूरन्ड डेकॉन अपनी कार से फैक्ट्री पहुंची तो वह अपने स्टोर रूम में ले गया। वहां पहुंचते ही अचानक उसने प्वाइंट 38 की अपनी वेबले रिवाल्वर निकाली और श्रीमती डेकॉन को गोलियों से भून दिया। वह बेचारी कुछ बोल भी नहीं पाई और ढेर हो गई।

इसके बाद हेग ने आराम से डेकॉन की लाश के सारे कपड़े उतारे। उनके शरीर की सभी बहुमूल्य वस्तुएं भी उतार लीं। फिर 40 गैलन के एक ड्रम में डेकॉन की लाश को ठूंस दिया

और ड्रम को तेजाब से भरकर ढक्कन लगा दिया। कुछ समय बाद लाश बुरी तरह छितरा गई। ड्रम में माँस और हड्डियों का एक गाढ़ा पेस्ट बन गया था। बची हुई हड्डियों को कचरे के ढेर में फेंक दिया। हत्या का नामोनिशान मिटाने के लिए जगह को साफ कर दिया।

यह सब करने के बाद खौफनाक कातिल हेग फैक्ट्री की आरामकुर्सी पर फैल गया। अच्छी तरह से कपड़े पहने, अपनी बॉडी पर डीयो स्प्रे किया, बाल संवारे और स्मार्ट बनकर सीधा पुलिस स्टेशन पहुंच गया और शिकायत दर्ज कराई कि उसकी एक बुजुर्ग दोस्त मिसेज डूरन्ड डेकॉन आने वाली थीं। वह घर से चल चुकी हैं किन्तु फैक्ट्री नहीं पहुंची।

पुलिस ने फौरन क्राइम नेटवर्क से अपराधियों के बारे में सर्च शुरू कर दी। पुलिस के सामने सबसे चौंकाने वाली बात यह आई कि हेग का क्रिमिनल रिकार्ड था। अफसरों ने हेग को पुलिस स्टेशन में ही कुछ देर रेस्ट करने के लिए कहा और विश्वास दिलाया कि वे अपराधी को जल्दी खोज लेंगे। पुलिस की बात पर हेग मन ही मन मुस्कराया और पुलिस स्टेशन के कोर्ट यार्ड में मटरगश्ती करता रहा। कुछ समय बाद खुफिया एजेन्टों और जाँचकर्ताओं ने हेग को बुलाया और कहा–''चलिए आपकी फैक्ट्री का मुआयना करते हैं।' हेग सकपका गया लेकिन बोल्ड होकर बोला 'चलिए'।

रासायनिक जाँच करने वाले अधिकारी, फोटोग्राफर और दूसरे अधिकारियों ने फैक्ट्री का चप्पा-चप्पा छान मारा।

जाँचकर्ताओं को फैक्ट्री के स्टोर रूम और वहां फैले हुए तेजाब की गंध रो इरा बात का अंदेशा हुआ कि ज़रूर यहां कुछ गड़बड़ हुई है। पुलिसवाले उस समय चौंक गये, जब स्टोर रूम और फैक्ट्री की जमीन पर खून के धब्बे और तेज़ाब से जले हुए मांस के कुछ अंश दिखाई दिए। लेकिन बिना किसी पुख़्ता सबूत

के वे हेग को गिरफ्तार नहीं कर सकते थे। अब पुलिस अधिकारियों ने हेग पर शिकंजा कसा। थोड़ी ही देर में वह टूट गया। पुलिस ने उससे श्रीमती डेकॉन का सामान बरामद कर लिया। खून और माँस के पेस्ट को भी ढूँढ लिया। पुलिस की मुस्तैदी और कड़ाई के सामने हेग की चालाकी रफूचक्कर हो गई। उसने यह भी मान लिया कि उसने डेकॉन की ही नहीं, सात और लोगों की हत्याएं भी इसी खौफनाक तरीके से की हैं।

हेग किसी भी कत्ल को अंजाम देने के लिए तीन स्टेज में काम करता था। पहला- जिस इन्सान का वह कत्ल करना चाहता था, उससे दोस्ती गाँठता और फिर अपनी फैक्ट्री के वर्कशाप में कॉस्मेटिक सामान दिखाने के बहाने अकेले बुलाता था। उसकी यह कोशिश रहती थी कि कत्ल के लिए बुलाए गए शिकार के किसी दोस्त या रिश्तेदार को भनक भी न लगे कि वह हेग की फैक्ट्री में गया है। जब शिकार हेग के पास पहुंच जाता तो हेग उसे बातों में लगाता और फुर्ती से अपनी पाइंट 38 रिवाल्वर से उसका काम तमाम कर देता था। सबसे मुश्किल काम था लाशों को ठिकाने लगाना। इसलिए तेजाब में लाशों को डुबोकर उनकी पहचान खत्म करने का तरीका अख़्तियार किया था।

उसने सबसे पहला क़त्ल 1944 में, दो क़त्ल 1946 में, दो क़त्ल 1948 में और अन्तिम, श्रीमती डेकॉन का क़त्ल 1949 में किया था। सभी हत्याएँ धन के लालच में की थीं। उसे जुलाई 1949 में गिरफ्तार किया गया और एक महीने में ही लगातार सुनवाई कर अदालत ने उसे सज़ा-ए-मौत सुना दी। हेग को 10 अगस्त 1949 को वेन्टवर्क जेल में फांसी दे दी गई।

❑❑❑

''मैं लोगों की हत्या इसलिए करता हूँ क्योंकि इसमें बहुत ही गज़ा आता है।'' आगे उसने ये भी लिखा कि वह लोगों को इसलिए मार रहा है ताकि उसकी मौत के बाद उस लोक में वे आत्माएँ उसकी गुलामों की तरह सेवा करें।'

13

उसने आत्माओं पर शासन करने के लिए 37 क़त्ल किए

यह एक ऐसे सीरियल किलर की दास्तान है जिसने अमरीका के सेन फ्रांसिस्को की खाड़ी के इलाके में 1960 के दशक में 37 से अधिक लोगों को बेरहमी से क़त्ल कर दिया था। इस मामले में अमरीकी खुफिया पुलिस ने एफबीआई हेडक्वार्टर में 10115 पेज का रिकार्ड इकट्ठा किया। इस सीरियल किलर की सबसे खास बात यह थी कि प्रेमी जोड़ों का क़त्ल करता था। इतना ही नहीं क़त्ल करने के बाद दहशत फैलाने के लिए वह गुप्त भाषा में पुलिस और अखबारों को अपने कुकर्म की सूचना भी भेजता था। इस क़ातिल ने एक बार क़त्ल के शिकार व्यक्ति के कमीज का खून से सना कपड़ा फाड़ कर अखबारों को भेजा और यह सनसनी फैलाई कि अभी उसके क़त्ल का अभियान पूरा नहीं हुआ है।

पुलिस आज तक उस क़ातिल का पता नहीं लगा पाई। हालांकि उसने आर्थर लैग एलेन नाम के एक आदमी पर संदेह

किया और 4 अगस्त 1971 को उससे पूछताछ भी की। पुलिस ने उस आदमी के कैलीफोर्निया के उसके फ्लैट पर छापा भी मारा। पुलिस इसी आदमी को किलर समझती रही। दुर्भाग्य से 1992 में ऐलेन मर गया।

अमरीका के क्राइम इतिहास में इस सीरियल किलर की कहानी 'जोडियक किलर' के नाम से जानी जाती है। यह मामला आज तक अनसुलझा ही है। अब पढ़ते हैं पूरा किस्सा–

30 अक्टूबर 1966 की शाम को चेरी जो और उसका 18 बरस का साथी नदी किनारे स्थित सिटी कालेज से बाहर आए। उसका साथी बॉय बॉय करके चला गया। उसके जाने के बाद चेरी ने देखा कि उसकी कार की कॉइल डिस्कनेक्ट हुई पड़ी है। वह इधर–उधर देखने लगी। एक आदमी उसकी तरफ बढ़ा। उसने सोचा कि कोई पुलिस वाला उसकी मदद करने के लिए आया है। वह खामोश खड़ी रही और उस आदमी के नज़दीक आने पर उसने उससे हैलो करते हुए अपनी प्रॉब्लम बताई। उस आदमी ने घूर कर उसे देख। जब तक चेरी कुछ समझे उससे पहले ही उस आदमी ने उसे दबोच लिया और पास की झाड़ियों में खींच कर ले गया। कुछ देर तक दोनों के बीच काफी संघर्ष हुआ किन्तु उस खूँख़ार क़ातिल ने चेरी की छाती और पीठ में छुरा घोंप दिया और उसका गला काट कर फैंक दिया।

नवम्बर 1966 में स्थानीय प्रेस को एक खत मिला जिसमें कहा गया कि चेरी पहला शिकार नहीं है और न ही वह आखिरी शिकार होगी। इस बारे में 30 अप्रैल 1967 को एक लेख प्रकाशित होने के बाद भी इसी तरह के खत समाचार पत्रों, पुलिस और पीड़िता के पिता को मिले। उनमें लिखा था, उसको मरना ही था। इसके बाद और बहुत कुछ भी होगा।

20 दिसम्बर 1968 को 17 साल का डेविड फराडे अपनी प्रेमिका 16 साल की बैरी लाउ जान्सन के साथ उत्तरी

कैलीफोर्निया की वलेजो सिटी के पूरब वाली सड़क पर जा रहे थे। एक बन्दूकधारी ने फराडे को स्टीयरिंग व्हील पर ही गोली मार कर मौत की नींद सुला दिया। बैरी लाउ जान बचा कर केवल तीस फुट तक ही भाग पाई थी कि स्वचालित पाइंट 22 बोर की पिस्तौल की पाँच गोलियाँ उस पर दाग दी गईं और वह वहीं ढेर हो गई।

4 जुलाई, 1969 को 19 साल का माइकल अपनी 22 साल की महबूबा डारलिन फेरिन के साथ एक रात बाहर गुजारने निकला। एक बार उसे लगा कि कोई उनका पीछे कर रहा है पर डारलिन ने कहा कि उसकी चिन्ता मत करो। आधी रात के वक्त उन्होंने एक झरने के पास अपनी कार पार्क की ही थी कि एक दूसरी कार उनके बराबर आकर रुकी और आनन-फानन में कार चालक ने 9 एम.एम. की पिस्तौल से उन दोनों पर फायर कर दिए। अस्पताल पहुँचते-पहुँचते डारलिन मर चुकी थी, पर माइकल किसी तरह बचा लिया गया।

घटना के चालीस मिनट बाद वलेजा पुलिस को किसी ने फोन पर घटनास्थल का पता बताया और कहा कि पिछले साल मैंने ही उन बच्चों की हत्या की थी।

डारलिन फेरिन के मित्रों-सम्बन्धियों ने बाद में बताया कि कोई अनजान व्यक्ति अक्सर फोन पर उसे धमकी दिया करता था। वह उस व्यक्ति का नाम- पॉल बताया करती थी। एक सहेली को उसने बताया था कि वह उसे एक हत्या करते देख चुकी थी इसलिए वह उसे जुबान बन्द रखने के लिए धमकाता था। पर पुलिस पॉल को ढूँढ पाने में नाकाम रही।

31 जुलाई 1969 को किलर ने बे एरिया के समाचार पत्रों को गुप्त भाषा में पत्र लिखे जिन्हें स्थानीय हाई स्कूल के एक अध्यापक की मदद से पढ़े जाने पर यह संदेश लिखा पाया गया- "मैं लोगों की हत्या इसलिए करता हूँ क्योंकि इसमें बहुत

ही मज़ा आता है।'' आगे उसने ये भी लिखा कि वह लोगों को इसलिए मार रहा है ताकि उसकी मौत के बाद उस लोक में वे आत्माएँ उसकी गुलामों की तरह सेवा करें।'

7 अगस्त को एक पत्र और आया। इसमें उसने अपना परिचय जोडियक किलर के रूप में दिया था। इसमें उसने हाल ही में की गई हत्या का विवरण भी लिखा था। इससे पुलिस को शक की कोई गुँजाइश ही न रही कि इन पत्रों को लिखने वाला ही हत्याएँ कर रहा था।

11 अक्टूबर को सेन फ्रांसिस्को के एक टैक्सी ड्राईवर पॉल स्टाइन के सिर में गोली मार कर हत्या कर दी गई। कुछ लोगों ने हत्यारे को प्रेजीडियो की ओर पैदल भागते हुए भी देखा। पुलिस ने पीछा करने की कोशिश की। आगे जाने पर एक पैदल जाते हुए व्यक्ति ने एक तरफ जाने का इशारा किया। पुलिस उस ओर भागी पर पुलिस को क्या पता था कि उनको रास्ता दिखाने वाला ही हत्यारा था।

कई लोगों की हत्याओं के बाद जोडियक ने पत्रों का नया सिलसिला शुरू कर दिया था। ऑकलैण्ड पुलिस डिपार्टमेंट को उसने टेलीफोन भी किए। इसके बाद आये टेलीफोनों पर सात और हत्याओं की भी जिम्मेदारी उसने ली, जबकि पुलिस को अभी तक पाँच हत्याओं का ही पता लग पाया था।

कैलिफोर्निया में मोडेस्टो के निकट 2 मार्च 1970 को कैथलीन जोन्स अपनी बेटी के साथ कार में जा रही थी। उसने देखा कि एक कार ने आगे आकर उसका रास्ता रोक लिया। कार चालक ने कैथलीन से कहा कि उसकी कार का पिछला टायर बहुत लूज़ लग रहा है। रिंच लेकर उसने पेंच कसने का उपक्रम भी किया। पर जैसे ही कैथलीन ने दोबारा कार चलाई, पहिया अलग होकर गिर पड़ा। तब उस कार चालक ने अपनी कार में कैथलीन को गैराज तक लिफ्ट देने की पेशकश की। पर

गैराज के बजाय वह उसे इधर-उधर घुमाता रहा और उसे तथा उसकी दुधमुही बेटी को जान से मारने की धमकी दी। किसी तरह कैथलीन अपनी बेटी समेत बच निकलने में कामयाब हो गई और भाग कर उसने सड़क के किनारे एक सिंचाई पंपसेट के पीछे छिपकर जान बचाई। स्थानीय पुलिस को इस अपहरणकर्ता के बारे में बताते हुए कैथलीन ने पुलिस के पोस्टर में बने एक स्कैच को देखकर अपहरणकर्ता को पहचान लिया।

24 अप्रैल 1978 को जोडियक ने पुलिस को अपना इक्कीसवां लेटर भेजा जिसमें बे एरिया के निवासियों को सूचित किया गया कि मैं आप लोगों में वापिस आ गया हूँ। पर इसके बाद कोई अपराध सामने नहीं आ रहा था। रॉबर्ट ग्रेस्मिथ नामक लेखक ने 1986 में प्रकाशित अपनी एक पुस्तक में इस किलर का नाम राबर्ट हॉल स्टार बताया है। ग्रेस्मिथ का मानना है कि जोडियक नाम का यह किलर 49 सम्भावित हत्याओं का दोषी है जो उसने अक्टूबर 1966 और मई 1981 के बीच की। इनमें से तीन बचकर निकल भागने में कामयाब रहे थे। इन चालीस में से 39 महिलाएँ थीं। जिन्हें पिस्तौल, ज़हर में डूबे छुरे घोंपकर, ज़हर देकर या पीट-पीट कर मारा गया था।

अमरीका की पुलिस आज तक उस रहस्यमयी हत्यारे को नहीं खोज पाई है।

❑❑❑

32 साल का मेन्सन अब रिहा होकर सेन फ्रैंसिस्को आ गया जहाँ अलौकिक शक्ति संपन्न होने का ढोंग रचकर शीघ्र ही वेन हॉट्न नाम के एक परिवार का मुखिया बन बैठा। उस परिवार का हर सदस्य उससे पूछे बिना कुछ भी करने की हिम्मत नहीं करता था। यहाँ तक कि सैक्स–संबंध बनाने के लिए भी मेन्सन इजाजत देता था।

14

जिसके इशारे पर क़त्ल होते थे!

वह एक बदचलन कुँआरी माँ का बेटा था। उसने तेरह साल की उम्र से अपराधी जीवन शुरू किया और कई सनसनीखेज़ क़त्ल किए। 1971 में उसे सज़ा-ए-मौत सुनाई गई पर मौत की सजा पर पाबन्दी लग जाने के कारण उसकी सजा आजन्म कारावास में तब्दील कर दी गई। एक अपराधी होते हुए भी उसने चालबाज़ी से कुछ लोगों को ऐसा मुरीद बना लिया कि वे इसके इशारे पर क़त्ल करने से भी नहीं चूकते थे।

एन्साइक्लोपीडिया में उसके बारे में लिखा है-सिनसिनाटी में जन्मा, कच्ची उम्र से ही एक अपराधी। 1967 में उसने मेन्सन फैमिली बनाकर साम्प्रदायिक ज़हर घोलने की शुरूआत की। लॉस एंजिलिस में उसने एक पॉप म्यूज़िशियन बनने की चेष्टा की। अश्वेतों को श्वेतों के ख़िलाफ भड़काकर उसने वर्ग संघर्ष छेड़ दिया।

उसकी माँ केथलीन मेडोक्स जब सोलह साल की थी, 12 नवम्बर, 1934 को सिनसिनाटी में चार्ल्स मेन्सन का जन्म हुआ। ऐसा माना जाता है कि उसके पिता का नाम कर्नल स्कॉट था, जिससे चार्ल्स कभी नहीं मिला। चार्ल्स जब पाँच साल का था, तब उसकी माँ को राहजनी के अपराध में पाँच साल की जेल हो गई। तब वह अपने अंकल-आँटी के साथ वर्जीनिया आकर रहने लगा। 1942 में जब उसकी माँ पेरोल पर छूटी तो वह उसे अपने साथ ले गई। बेतहाशा नशे की लत के कारण माँ को उसे इंडियाना के एक केयर टेकिंग स्कूल में रखने के लिए मजबूर होना पड़ा।

तेरह साल की उम्र में मेन्सन ने अपराधी जीवन की शुरूआत एक ग्रोसरी स्टोर और एक कसीनो में लूटपाट से की। अगले दस सालों तक मेन्सन तरह-तरह के अपराधों में लिप्त रह कर कभी जेल के अन्दर, कभी बाहर रहा। 16 साल की उम्र में उसे 'असामाजिक तत्व' करार दिया गया।

1958 में पेरोल पर रिहा होने के बाद मेन्सन ने वेश्याओं की दलाली शुरू कर दी। जून 1960 में मेन्सन गिरफ्तार किया गया पर वह जल्दी छूट गया। छूटने के बाद उसने आर्थिक अपराध शुरू कर दिए, इस दौरान उसे दस साल जेल की सजा हुई। जेल में वह खेलों की तरफ आकर्षित होने लगा। इसके साथ ही वह गिटार भी सीखने लगा। 1965 के आते-आते मेन्सन बीटल्स म्यूज़िक का दीवाना हो गया। जेल में रहकर उसने अपने बारे में यह भ्रम फैलाया कि उसके भीतर अलौकिक शक्ति पैदा हो गई है। 21 मार्च, 1967 को जब जेल से छूटने वाला था, उसने अधिकारियों से गुज़ारिश की कि उसे जेल में ही रहने दिया जाए लेकिन यह संभव नहीं हो पाया।

32 साल का मेन्सन अब रिहा होकर सेन फ्रैंसिस्को आ गया जहाँ अलौकिक शक्ति संपन्न होने का ढोंग रचकर शीघ्र ही वेन हॉटन नाम के एक परिवार का मुखिया बन बैठा। उस

परिवार का हर सदस्य उससे पूछे बिना कुछ भी करने की हिम्मत नहीं करता था। यहाँ तक कि सैक्स-संबंध बनाने के लिए भी मेन्सन इजाजत देता था। हॉटन फैमिली के कुछ सदस्यों के लिए वह ईसा मसीह के प्रतिनिधि जैसा हो गया था। मेन्सन ऐसी बातों को प्रोत्साहित करता था। कभी-कभी वह उनसे पूछ भी बैठता- क्या तुम नहीं जानते कि मैं कौन हूँ।

बीटल्स के व्हाइट एल्बम और बाइबल की बुक ऑफ रेवोल्यूशन से प्रेरित होकर मेन्सन ने एक अजीब भविष्यवाणी कर यह अफवाह फैलाई कि श्वेत समाज शीघ्र ही अश्वेतों के खिलाफ बगावत करेंगे और नए देश की कमान संभालने के लिए उसकी शरण में आएंगे। अगस्त 1969 में इस अफवाह को और हवा देने के लिए मेन्सन ने वेन हॉटन फैमिली के सदस्यों की एक टीम को टेटे और लावियन्का में हत्याओं के एक मिशन पर भेजा। पुलिस के कान खड़े हो गए और मामला दर्ज कर लिया गया।

रोनल्ड ह्यूजिज नाम का एक नौजवान वकील मेन्सन और वेन हॉटन फैमिली के बचाव के लिए सरकार की तरफ से नियुक्त किया गया था। उसने मेन्सन को सलाह दी कि इर्विंग केनार्क नाम के एक अधिक काबिल वकील की माँग करे। दो सप्ताह बाद ही इर्विंग को उसके बचाव के लिए नियुक्त कर दिया गया। इर्विंग ने अदालत में ये साबित करना शुरू कर दिया कि वेन हॉटन परिवार के सदस्य मेन्सन के प्रभाव और आदेश से घिनौने अपराध कर रहे हैं।

रोनल्ड को ये नहीं पता था कि इसकी कीमत उसे अपनी जान देकर चुकानी पड़ेगी। नवम्बर 1970 में सेस्पे हाट स्प्रिंग से रोनल्ड अचानक लापता हो गया। चार महीनों बाद उसकी लाश का कंकाल बरामद किया गया। माना जाता है कि मेन्सन के फैमिली मेम्बर्स ने कोर्ट में मेन्सन को फँसाने के अपराध में उसे मार डाला था।

मेन्सन टेटे की हत्याओं के समय वहाँ मौजूद नहीं था पर 25 जनवरी, 1970 को उसे इन हत्याओं का अपराधी करार देकर 29 मार्च को मौत की सज़ा सुना दी गई। मौत की सज़ा पर पाबन्दी लग जाने के कारण मेन्सन की सज़ा आजन्म कारावास में बदल दी गई।

जेल में रहते हुए कई हत्याओं के कातिल मेन्सन ने एक ऐसा जाल बुन दिया कि कई नौजवान उसे अलौकिक शक्ति संपन्न मानते थे। जेल में उसके पास सबसे ज्यादा ख़त आते थे। इनमें से अधिकतर उन नौजवानों के होते थे जो उसकी 'फैमिली' में शामिल होने की ख़्वाहिश रखते थे। कहा जाता है कि उसे एक साल 60,000 से भी ज्यादा खत आते थे।

1969 में उसने फैमिली के सदस्यों को मेल्चर के घर भेजा जहाँ अभिनेत्री शेरान टेटे और रोमन पोलन्सकी रहते थे। इस सदस्यों ने शेरान टेटे और उसके चार मित्रों की हत्या के अलावा तीन अन्य की हत्या भी कर दी।

कहा जाता है कि नौजवान म्यूज़िशियनों ने मेन्सन से सम्बद्ध गीत रिकार्ड किए थे। इनमें नील यंग सबसे प्रसिद्ध था।

❑❑❑

पुलिस को ये समझने में देर नहीं लगी थी कि इन बलात्कारों व हत्याओं में कैथरीन की बराबर की हिस्सेदारी थी। बल्कि पुलिस अफसर तब चौंक गए जब कैथरीन ने बताया कि वह उन लड़कियों के बलात्कार होते समय के फोटो भी खींचती थी।

15

वह बलात्कार और हत्या में अपने पति की मदद करती थी!

क्या आप किसी ऐसी महिला की कल्पना कर सकते हैं जो अपने द्वारा दूसरी लड़कियों का बलात्कार होते हुए देखे, उनके फोटो खींचे और उससे आनंदित और रोमांचित हो। सिर्फ इतना ही नहीं, बलात्कार के बाद उन लड़कियों की हत्या करने और उन्हें दफनाने में भी अपने पति को भरपूर सहयोग दे।

जी हां, ऐसी घिनौनी और खूंखार किलर का नाम था कैथरीन और उसका पति था डेविड बर्नी। यह सीरियल किलर दंपत्ति ऑस्ट्रेलिया का रहने वाला था।

इस दंपत्ति ने चार से अधिक लड़कियों का अपहरण, बलात्कार और हत्या करना पुलिस के सामने मंजूर किया था। डेविड और कैथरीन बचपन से ही एक दूसरे को जानते थे और उनका प्रेम किशोवस्था से ही शुरू हो गया था। कच्ची उम्र से ही दोनों ने साथ-साथ मिलकर अपराध करना शुरू किया।

शुरू-शुरू में ये लोग लूटपाट और चोरी का काम करते थे पर कभी पकड़े नहीं गए।

डेविड बहुत सेक्सी इंसान था और उसकी सेक्स की भूख कभी शांत नहीं होती थी और कैथरीन उसकी भूख शांत करने के लिए हमेशा अच्छे पार्टनर का रोल अदा करती थी। लेकिन ये दोनों शादी नहीं कर पाए। डेविड ने किसी और लड़की से शादी कर ली और कुछ समय के लिए चोरी-चकारी का धंधा थम गया। कैथरीन ने एक घर में नौकरानी का काम शुरू कर दिया और कुछ समय बाद वहां से एक लड़के को फंसा कर उससे शादी कर बैठी। पाँच साल में उसने पाँच बच्चे पैदा किए।

उधर डेविड की शादी टूट गई और वह कैथरीन से मिलने लगा। दोनों का पुराना प्रेम फिर परवान चढ़ने लगा। कैथरीन अपने पाँच बच्चों और पति को छोड़कर डेविड के साथ रहने लगी। इस बीच दोनों लगभग 35 साल के हो चुके थे।

पुलिस रिकार्ड के अनुसार ये दोनों कातिल इतने शातिर थे कि कोई निशान नहीं छोड़ते थे। लड़कियाँ गायब होती रहीं, पुलिस खोजती रही पर पुलिस जासूसों के हाथों कुछ नहीं आता था।

आइए, अब डेविड और कैथरीन की कहानी पर सरसरी नज़र डालें- 10 नवम्बर 1986 की दोपहर का वक्त था। फ्रीमेटल, पश्चिमी ऑस्ट्रेलिया की एक सुपर मार्केट के कस्टमर उस समय भौंचक्के रह गए, जब अचानक 17 साल की अधनंगी युवती वहाँ दाखिल होकर सुबकते हुए कहने लगी कि उसके साथ बलात्कार किया गया है।

पुलिस स्टेशन में ले जाने पर उसने बताया कि कल शाम को एक पुरुष और एक महिला उसे घसीट कर अपनी कार में ले गए। नेडलैंड के पथ कस्बे में वह उस समय चहलकदमी कर रही थी। तब से अब तक वह उन्हीं के कब्जे

में थी। उसे एक छोटे से बंगले में ले जाया गया और बिस्तर के साथ चेन से बाँध कर उस आदमी ने उससे दो बार बलात्कार किया। सुबह वह आदमी तो चला गया और उस महिला को उसकी चौकीदारी में छोड़ गया।

उस महिला के दूसरे कमरे में चले जाने पर उसे वहाँ से खिड़की के रास्ते निकल भागने का मौका मिल गया। पुलिस को मूरहाउस स्ट्रीट के उस बँगले तक पहुँचने में देर नहीं लगी।

पुलिस वालों ने जब कॉल बेल बजाई तो कैथरीन बर्नी नाम की छोटे चेहरे वाली एक महिला ने दरवाजा खोला। पुलिस ने उसी समय उससे और उसके पति डेविड से पूछताछ शुरू कर दी। हल्के-फुल्के शरीर और तीखे नाक-नक्श वाला डेविड बलात्कारी तो नहीं लग रहा था। मुकाबला करने वाली किसी युवती को काबू कर पाने की उसकी हालत नहीं लगती थी।

मार्च 1987 में पुलिस अफसर कैथरीन को पर्थ में सुप्रीम कोर्ट लेकर गए। वह अपने पति डेविड के साथ जज के सामने पेश की गई। उसने चार हत्याओं का अपराध कबूल कर लिया था। डेविड ने भी पुलिस स्टेशन में चार बलात्कारों और हत्याओं का इकरार किया था। शाम होने से पहले दोनों कातिलों को पुलिस अफसर उन कब्रों तक ले गए जहाँ उन्होंने तीन लड़कियों की लाशें दबाई थीं। ये तीनों लड़कियां डेविड और कैथरीन से मुकाबला करते हुए हत्या की शिकार हुई थीं। चौथी लड़की को 30 किमी दूर वैनरू के पास की एक बगीची में दबाया गया था। उस पर कुल्हाड़े से वार करके उसका काम तमाम किया गया था।

पुलिस को ये समझने में देर नहीं लगी थी कि इन बलात्कारों व हत्याओं में कैथरीन की बराबर की हिस्सेदारी थी। बल्कि पुलिस अफसर तब चौंक गए जब कैथरीन ने बताया कि वह उन लड़कियों के बलात्कार होते समय के फोटो भी खींचती

थी। पुलिस एक ऐसी महिला के बयान से हतप्रभ थी जो अपने ही पति द्वारा अन्य युवतियों से बलात्कार का आनंद उठाती और रोमांचित होती थी।

छोटी कद-काठी वाले डेविड की काम-पिपासा कभी नहीं बुझती थी।

डेविड के 21 साल के छोटे भाई जेम्स ने प्रेस को बताया कि 1984 में डेविड और कैथरीन जब अलग हुए तो किस प्रकार उसका भाई उसे समलैंगिक सम्बन्धों के लिए मजबूर करता था। उसके सोने के बाद वह उसी के बिस्तर में घुस कर उस पर चढ़ बैठता था।

डेविड ने अपने 21वें जन्मदिन पर छोटे भाई जेम्स को भेंटस्वरूप कैथरीन के साथ एक रात गुजारने का मौका भी दिया था।

1985 में डेविड और कैथरीन के बीच लड़कियों का अपहरण कर उनसे बलात्कार करने के मामले में बातचीत हुई। मेरी नीलसन नाम की 22 साल की छात्रा की हत्या पूर्व नियोजित नहीं थी। 6 अक्टूबर 1986 को मेरी नीलसन डेविड से कार का वह टायर खरीदने उसके घर आई, जो वह यार्ड में अपने काम पर से लाया था। उसे अपने घर में देखकर डेविड अपने आप पर काबू न रख सका और चाकू की नोक पर बेडरूम में ले जाकर उससे बलात्कार किया। कैथरीन ये सब अपनी आँखों से देख रही थी किन्तु खामोश रही। इसके बाद वे मेरी नीलसन को लेन ईगल स्टेट फॉरेस्ट ले गए जहाँ डेविड ने कैथरीन की मौजूदगी में उससे दोबारा बलात्कार किया। वह अपने जीवन की भीख माँगती रही और डेविड ने नाइलौन की एक रस्सी से कस कर उसका गला बांधा और उसे मार डाला। इसके बाद कैथरीन और डेविड ने उसकी लाश एक गड्ढे में दबा दी।

जिस आसानी से डेविड और कैथरीन मेरी नीलसन का अपहरण, बलात्कार और हत्या करने में कामयाब हुए, उससे प्रेरित होकर उन्होंने अन्य लड़कियों को अपने घर पर बुलाने का नया तरीका सोच डाला। एक स्थानीय समाचारपत्र में उन्होंने ये विज्ञापन दिया : एक एकाकी युवा को एक कमरे का फ्लैट शेयर करने के लिए आमंत्रित किया जाता है। 18 से 24 साल की युवती को तरजीह दी जाएगी। पुलिस को विज्ञापन की कटिंग उनके फ्लैट से बरामद हुई पर यह मालूम नहीं हो सका कि इसे पढ़ कर उनके पास कितनी लड़कियां आईं।

कातिल दंपत्ति अपने खूंखार कारनामे करते रहे और पुलिस अपना रिकार्ड टटोलती रही। इस सारे मामले का भांडा तब फूटा जब सुपर मार्केट में उस अधनंगी लड़की ने अपनी आपबीती सुनाकर सनसनी फैला दी। अदालत ने इन दोनों खूंखार कातिल दंपत्ति को आजीवन कारावास की सज़ा सुनाई।

❑❑❑

अमरीका के क्राइम इतिहास में यह पहला मुकदमा कहा जा सकता है जिसमें अदालत ने मात्र तीन घंटे की सुनवाई में किसी अपराधी को सज़ा–ए–मौत सुनाई।

16

वह उन्हें देखकर आपा खो बैठता था!

बेंजामिन बॉयल एक ट्रक ड्राइवर था। वह किसी भी युवती को देखकर अपना आपा खो बैठता था। एक प्रकार से वह सैक्समेनिया का शिकार था। अकेली-दुकेली औरत मिलने पर पहले वह उसे किसी भी तरह अपने शिकंजे में करता, नंगा करता, उसके साथ बलात्कार करता और फिर उसका कत्ल कर देता। इसके बाद वह लाश के साथ बलात्कार करता और जब उसकी भूख शांत हो जाती तो वह उस लाश के हाथ-पांव और मुंह बांधकर वहां से छू मंतर हो जाता। ऐसा खौफनाक दरिंदा था बेंजामिन बॉयल। वह अमरीका में ओकाहोमा का रहने वाला था।

पुलिस ने गहरी छानबीज के बाद प्रमाण सहित उसे गिरफ्तार कर लिया और अक्टूबर 1986 में उस पर एक टॉपलेस बार में काम करने वाली वैट्रेस गेल स्मिथ की हत्या का मुकदमा चलाया गया। सबूत इतने पुख्ता थे कि जज के सामने

आते ही वह सच उगलने लगा। अमरीका के क्राइम इतिहास में यह पहला मुकदमा कहा जा सकता है जिसमें अदालत ने मात्र तीन घंटे की सुनवाई में किसी अपराधी को सज़ा-ए-मौत सुनाई।

वह 29 अक्टूबर 1986 का दिन था। लगभग एक साल पहले हुई हत्या के मुकदमे की जांच एफबीआई के गुप्तचरों ने इस बारीकी से की थी कि कातिल को सोचने समझने का मौका ही नहीं मिला। उसने एक साथ कई हत्याओं का अपराध कबूल कर लिया।

आइए अब जानते हैं कि बेंजामिन ने गेल स्मिथ के साथ क्या किया और दूसरी महिलाएं उसके चंगुल में कैसे फंसीं?

मात्र बीस साल की गेल स्मिथ टैक्सास के फ्लैटवर्थ में रहती थी। वह एक ऐसे बार में काम करती थी जहां सभी लड़कियों का ऊपर का आधा शरीर नंगा होता था। अन्य लड़कियों की तरह स्मिथ भी ग्राहकों को शराब बांटने के अलावा बार के दूसरे काम भी करती थी। उसे तनख्वाह के साथ-साथ टिप्स भी मिलती थी, किंतु आमदनी इतनी नहीं थी कि वह कार खरीद सके। अचानक एक दिन उसकी माँ की बीमारी की सूचना उसे मिली जो लेक मैरेडिड में रहती थीं। फ्लैटवर्थ से लेक मैरेडिड तीन सौ मील दूर है। बार का कामकाज निबटा कर वह हाई-वे पर खड़ी हो गई और किसी गाड़ी का इंतज़ार करने लगी। उसे अपनी माँ के पास जल्दी से जल्दी पहुंचना था। उसने साथी वैट्रेस को भी कहा था कि मैं किसी ट्रक वाले से लिफ्ट लेकर माँ के पास जल्दी से जल्दी पहुंचना चाहती हूँ। लेकिन दुर्भाग्य, गेल कभी भी अपनी माँ के पास नहीं पहुंची।

एक ट्रक ड्राइवर ने 14 अक्टूबर 1985 को अमारिलो पुलिस को फोन पर कहा कि उसने हाई-वे पर एक औरत की

नंगी लाश देखी है। ड्राइवर ने पुलिस को यह भी बताया कि उसके गले में पुरुष की टाई बंधी हुई है और उसका शरीर टेप से कसा हुआ है। पुलिस फौरन वहां पहुंच गई और लाश को कब्जे में लेकर सबूत जुटाने का काम शुरू हुआ।

पोस्टमार्टम रिपोर्ट के बाद यह पता चल गया कि उस औरत को बुरी तरह पीटा गया था और उसके साथ बलात्कार किया गया था। लाश की उंगलियों के निशान से पुलिस ने उसका पता-ठिकाना पता कर लिया और वह गेल स्मिथ के घर फ्लैटव्वर्थ पहुंच गई। पुलिस को ज्यादा मेहनत नहीं करनी पड़ी क्योंकि उसे गेल की एक दोस्त मिल गई। उसने पुलिस को बताया कि एक लाल रंग के बड़े ट्रेलर में गेल ने लिफ्ट ली थी जिस पर लिखा था रूगर ट्रेट। पुलिस ने रिकार्ड की जांच की। वह यह पता लगाने में सफल हो गई कि वह ट्रेलर जिस कंपनी का था। वह ओकाहोमा में मंगम फर्म का था और उसे चलाने वाला ड्राइवर हरबर्ट बॉयल था।

इत्तेफाक की बात यह है कि बॉयल ने उसी सुबह अपने ट्रक में सामान लादा था और उसने यह भी स्वीकार कर लिया के उसने गेल को लिफ्ट दी थी, लेकिन उसने कहा कि अगर वह मरी पाई गई है तो वह इसके लिए जिम्मेदार नहीं है क्योंकि उसने गेल को विचिटा फॉल के पास टैक्सास के बॉर्डर पर उतार दिया था। पुलिस ने उसकी तलाशी ली और गहन पूछताछ की। उसके कब्जे से पुलिस ने कुछ चादरें, कम्बल और उस टेप का रोल भी हासिल कर लिया जिसमें गेल की लाश को लपेटा गया था। लाश के शरीर पर मिले बालों और बॉयल के बालों का मिलान किया गया तब वे एक समान पाए गए।

बॉयल की पत्नी ने फिर पुलिस को बताया कि उसने उस ट्रक ट्रेलर में खून से सनी हुई चादरें भी देखी थीं। पुलिस ने जिस टेप को बरामद किया उस पर बॉयल की उंगलियों के निशान भी थे।

अब थोड़ी सी बात करें बॉयल की। सन 1985 में बॉयल 42 साल का था। उसने कुछ समय मिलिट्री में भी काम किया था। मिलिट्री की नौकरी छोड़कर वह ट्रक ड्राईवरी का काम करने लगा था। वह अमरीका भर में लम्बी दूरियों के ट्रक की ड्राइवरी करता था। औरतबाज़ी के शौक ने उसे कहां-कहां नहीं घुमाया।

बॉयल को 1979 में भी पांच साल की जेल की सज़ा हुई थी क्योंकि वह एक औरत पर हाथ साफ करना चाहता था। उसने जितनी भी हत्याएं कीं, उन सबका पुलिस को रिकार्ड मिल गया। अपराधी कितना भी शातिर क्यों न हो, अपराध कभी नहीं छिपता। यही हुआ बॉयल के साथ।

❑❑❑

सबसे बड़ी बात तो यह है कि वह एक खाते-पीते घर में पला-बढ़ा और ईसाई धर्म के उपदेश और संस्कार उसे बचपन में मिले। इतना ही नहीं, वह बचपन में एक आज्ञाकारी और तेज़ बुद्धि का बालक माना जाता रहा। स्कूल में उसकी बहुत इज्जत होती थी और वह एक अच्छा खिलाड़ी भी था।

17

अच्छे संस्कारों वाले ख़ौफ़नाक हत्यारे को सज़ा-ए-मौत!

उसे सज़ा-ए-मौत दी गई। आश्चर्य है कि उसे मौत की सज़ा का दुख नहीं था, दुख तो यह था कि उसने जीवन में ऐसे कुकर्म क्यों किए? अब वह मौत की कतार में खड़े कैदियों में शामिल कर दिया गया है। उसे किसी भी दिन फाँसी दी जा सकती है। आप ज़रूर जानना चाहेंगे कि ये शख्स कौन है? जी हां, इस शख्स का नाम है रॉबर्ट ली येट्स। रॉबर्ट को अदालत ने 15 हत्याओं का अपराधी माना।

रॉबर्ट 5 बच्चों का बाप था और अमेरिका की नेशनल सिक्युरिटी गार्ड में हेलीकॉप्टर का पायलट था। सबसे बड़ी बात तो यह है कि वह एक खाते-पीते घर में पला-बढ़ा और ईसाई धर्म के उपदेश और संस्कार उसे बचपन में मिले। इतना ही नहीं, वह बचपन में एक आज्ञाकारी और तेज़ बुद्धि का बालक माना जाता रहा। स्कूल में उसकी बहुत इज्जत होती थी और वह एक अच्छा खिलाड़ी भी था। हर किसी को इस बात का

आश्चर्य है कि अच्छे संस्कारों में पले इस अधेड़ उम्र के इन्सान ने अपराधी जीवन क्यों चुना? दरअसल ये इन्सान की फितरत है कि वह कभी-कभी भेड़ की खाल में भेड़िया भी हो जाता है। अक्टूबर 2002 को अमेरिका की समाचार समिति एसोसिएटेड प्रेस ने एक ख़बर प्रसारित की जिसमें कहा गया कि 50 साल के रॉबर्ट ली येट्स जूनियर को मौत की सज़ा दी गई है। इसके साथ अदालत ने यह भी कहा कि अमेरिका के इतिहास में क्रूरतम हत्यारे रॉबर्ट को 408 साल की जेल की सज़ा दी भी दी गई।

वाशिंग्टन स्टेट के इस दुर्दान्त सीरियल किलर को कारों का बहुत चाव था और अक्सर वह अपनी कार्वेट कार को धोते पोंछते दिखाई देता था। अपनी इस कार्वेट में वह रेड लाइट एरिया के चक्कर भी लगाया करता था। इसी क्षेत्र में आर्मी के इस भूतपूर्व जवान ने आठ औरतों की हत्याएँ की थीं। इनमें से अधिकतर महिलाएं ड्रग की आदी थीं और वे देह व्यापार भी करती थीं। इन सभी औरतों की सिर में गोली मारकर हत्या की गई थी।

पुलिस को पहली लाश 22 फरवरी 1990 को मिली। फिर हत्याओं का यह सिलसिला दस साल तक चलता रहा। खुफिया पुलिस को सूचना मिली कि एक सिक्युरिटी गार्ड अपनी कार लेकर रेड लाइट एरिया में अक्सर घूमता रहता है। पुलिस ने कई दिनों तक पीछा किया और एक दिन रॉबर्ट को धर दबोचा। उसने पुलिस के सामने स्वीकार किया कि उसने 1996 से 1998 के बीच स्पाकने काउंटी में एक महिला की हत्या की कोशिश करने के अलावा दस अन्य महिलाओं की हत्याएं की हैं। इसके अलावा 1975 में वल्ला वल्ला में दो हत्याओं और केजिट काउंटी में 1998 में मिली एक महिला की लाश का अपराध भी स्वीकार किया। एक जज ने इन सब अपराधों के लिए उसे 408 साल कैद की सज़ा सुनाई। इसके बाद कर्नल

लाफोन्टेन एलिस और मिलिन्डा मर्सर की हत्या के सिलसिले में पियर्स काउंटी प्रॉसीक्यूटर्स मुकदमे के लिए रॉबर्ट को टेकोमा लाए।

साढ़े पाँच सप्ताह तक चले इस मुकदमे में प्रॉसीक्यूटर्स ने जज को बताया कि रॉबर्ट रोमांच के लिए ही किसी को भी मार देता था। महिलाओं की हत्या के बाद वह उनकी लाशों के साथ संभोग का आनन्द उठाता था। सरकारी वकीलों ने इस खौफनाक दरिन्दे के लिए मौत की सज़ा दिए जाने की प्रार्थना की। अदालत में रॉबर्ट के पिता ने कहा कि उसके पुत्र के साथ ऐसा कोई रिश्ता नहीं था जिसमें वह अपनी निजी बात करता हो। यहां तक कि उसने जब अपनी पहली पत्नी को तलाक दिए बगैर दूसरा विवाह रचा लिया तो भी मुझे कोई जानकारी नहीं दी। उसके पिता ने कहा कि वह ईश्वर से दूर चला गया था, पर अब वह वापस आ चुका है। मैं उसे बहुत प्यार करता हूँ और मैंने कई बार उसे समझाया भी था। उसने जो किया मैं उसकी निन्दा करता हूँ पर फिर भी मैं उससे प्यार करता हूँ।

मौत की सज़ा की घोषणा होने से पहले रॉबर्ट के एटार्नी ने मुकदमा दोबारा चलाने का आग्रह किया। परन्तु पियर्स काउंटी के जज जान मेकार्थी ने कर्नल लाफोन्टेन एलिस और मिलिन्डा मर्सर के कत्ल के अपराध में रॉबर्ट को मौत की सज़ा सुना ही दी। इन दोनों की लाशें फोर्ट लुइस के निकट पाई गई थीं, जहाँ वाशिंग्टन नेशनल गार्ड के हेलीकॉप्टर पायलट के रूप में रॉबर्ट ने सेवा की थी। सज़ा सुनने के बाद रॉबर्ट ने कहा– मेरे साथ इतनी दरियादिली दिखाने के लिए कोर्ट का शुक्रिया अदा करता हूँ।

रॉबर्ट ने अपने लिखित वक्तव्य में कहा– मेरा अपराध एक रोग की तरह था जो मुझे और मेरी आत्मा को अन्दर ही अन्दर खा रहा था। पाप और अपराध हमारे दिलोदिमाग पर छा जाते हैं और हमारे पेट में पलने लगते हैं। हम सभी में कभी

न कभी अपराधी प्रवृत्ति होती है, पर मेरा पाप और अपराध इतना बड़ा रूप ले चुका था कि मेरे लिए इसके साथ–साथ जीना मुश्किल हो गया। मैं दोहरा जीवन जी रहा था। अपने अपराधों को नकार कर मैं समझता था कि शायद कहीं कोई मेरी मदद कर पाए। मैं समझता रहा कि शायद ये पाप एक दिन खुद धुल जाएंगे। मैंने खुद को अन्धा बना लिया। मैं ये भी भूल गया कि मैं ईश्वर से कुछ भी नहीं छिपा पाऊँगा। जब मैं ये हत्याएँ कर रहा था, ईश्वर ये सब देख रहा था। मुझे लगा जैसे मैं पूरी दुनिया के सामने नंगा हो गया हूँ। मेरे लिए उस वक्त यही अच्छा था कि मुझे गिरफ्तार कर लिया गया और मेरे सभी अपराध मेरे सामने गिना दिए गए। ईश्वर तो यह पहले ही देख चुका था।

जनता और परिवारों ने भी मेरे द्वारा किए पापों और हत्याओं का दर्द महसूस किया। उस समय मेरी भी आंखें खुलने की बारी थी। अब मेरे लिए इन पापों को नकारना असंभव हो चला था। अब मुझे सच्चाई का सामना करना ही था। और जब तक कानून ने मेरे इस अन्धेपन से पर्दा नहीं हटाया, मैं उस बर्बादी को देख पाने में नाकाम रहा जो मेरे कारण पैदा हुई थी। अपने अपराध, अपनी शर्म और अपने दुःख को प्रकट करने के लिए मेरे पास शब्द नहीं हैं।

❒❒❒

मारे गए बच्चों की जीवन बीमा पालिसियों से लाभ कमाने के लिए वह ये हत्याएं करती थी। उस पर मुकदमा चला और वह सच कबूल गई। 29 मार्च 1873 को डर्हेम जेल में 40 साल की उम्र में उसे इन हत्याओं के लिए फांसी पर चढ़ा दिया गया।

18

पतियों और संतानों की क़ातिल

किसी भी इन्सान के बारे में यह नहीं कहा जा सकता कि कब वह शैतान हो जाए। मेरी एन कॉटन की कहानी भी ऐसी ही है। 19वीं शताब्दी के कुख्यात कातिलों में मेरी का नाम सबसे ऊपर है। उसने एक के बाद एक चार शादियां कीं और अपने चारों पतियों, एक प्रेमी और अपनी कई संतानों की हत्या कर दी। 1832 में ब्रिटेन के मर्टन में पैदा हुई मेरी ठिगने कद-काठी की थी और अपनी काली ड्रेस पर ब्लैक एण्ड व्हाइट शॉल ओढ़ती थी।

जब वह 14 साल की थी तो उसके पिता की हत्या कर दी गई थी। 1852 में उसने विलियम मोब्रे से शादी की। वह शादी से पहले गर्भवती हो गई थी, तब वह 20 साल की थी।

शादी के बाद दंपत्ति इंगलैंड में जगह-जगह हो रहे रेल निर्माण कार्य में मजदूरी करते रहते थे। शादी के बाद के चार सालों में विलियम और मेरी के पाँच बच्चे हुए, लेकिन उनमें से

4 नवजात शिशु मर गए। यह वह समय था जब ब्रिटेन में नवजात शिशुओं की मृत्यु दर बहुत अधिक थी। मेरी और विलियम की वैवाहिक जिन्दगी खुशनुमा नहीं थी। वे हर समय रुपये-पैसों को लेकर बहस करते रहते थे। मेरी कभी नहीं चाहती थी कि वह गरीब बनी रहे। परिस्थितियों से तंग आकर विलियम ने एक स्टीमर में नौकरी कर ली। घर से दूर समुद्र में जहाज पर काम करते हुए उसने शांति महसूस की।

1865 में पैर में चोट के कारण विलियम को सूदरलैंड में अपने घर लौटना पड़ा। मेरी ने उसकी सेवा की और ठीक होने में मदद भी की। डॉक्टर की दवा और सेवा के बावजूद लगभग एक महीने बाद अस्पताल में विलियम का देहांत हो गया।

जब डॉक्टर मोब्रे के देहांत की खबर देने के लिए मेरी घर गया तो यह देखकर हैरान रह गया कि मृतक विलियम की पत्नी मेरी नए कपड़े पहन कर नाच रही है।

मेरी का बचपन खुशगवार नहीं था। उसके मां बाप की शादी बीस साल की उम्र से पहले ही हो गई थी और उसका पिता एक खान में मजदूरी कर अपने बच्चों का गुजारा किया करता था। मेरी जब आठ साल की थी तो उसका परिवार कहीं और चला आया। मेरी और उसका भाई रॉबर्ट एक नए स्कूल में भर्ती हुए जहां वह कोई दोस्त नहीं बना पाई। पिता की मृत्यु एक खान दुर्घटना में हो जाने से परिवार पर मुसीबतों का पहाड़ टूट पड़ा और गुजारा भी मुश्किल हो गया। उसे मां से जुदा होना पड़ा और उसे रात को बुरे सपने आने लगे। इस बीच मेरी की मां ने दोबारा शादी कर ली। सौतेला बाप मेरी को अच्छा नहीं लगा पर उसकी आय से परिवार का गुजारा अच्छी तरह होने लगा। सोलह साल की उम्र में मेरी ने पास के ही एक घर में नौकरानी का काम शुरू कर दिया।

तीन साल तक मेरी ने यह काम किया। इस दौरान गांव में उसके पास आने वाले पुरुषों को लेकर उसके बारे में तरह-तरह के स्कैण्डल खड़े हो गए। उसने शादी कर ली पर उससे पहले ही वह गर्भवती हो गई थी। उसका पहला पति विलियम मोब्रे एक खान मजदूर था। शादी के कुछ सालों तक काम की तलाश में वह दोनों पूरे देश में भटके। इस बीच विलियम खान मजदूर व रेल रोड मजदूर का काम करता रहा। मेरी ने इस बीच एक के बाद एक पांच बच्चों को जन्म दिया जिनमें से चार शिशु अवस्था में ही मर गए। मेरी ने इसे किस्मत का लेखा मान कर सह लिया।

1873 में उस पर छः हत्याओं का अभियोग लगाया गया। पर विश्वास किया जाता है कि उसने बीस साल में बीस से भी ज्यादा हत्याएं कीं। चाय के कप में आर्सेनिक (एक प्रकार का ज़हर) मिलाकर वह ये हत्याएं करती रही। एक बच्चे के कप में आर्सेनिक पाए जाने के बाद वह पकड़ में आई जिसकी हत्या के बाद उसका पोस्टमार्टम किया गया था। मारे गए बच्चों की जीवन बीमा पालिसियों से लाभ कमाने के लिए वह ये हत्याएं करती थी। उस पर मुकदमा चला और वह सच कबूल गई। 29 मार्च 1873 को डर्हेम जेल में 40 साल की उम्र में उसे इन हत्याओं के लिए फांसी पर चढ़ा दिया गया।

❑❑❑

सबसे बड़ी बात तो यह थी कि वह बच्चों का यौन शोषण करने वालों के खिलाफ आवाज़ बुलंद करता रहता था और उन लोगों को मज़ा चखाने में भी कभी पीछे नहीं रहता था। इसी कारण लोगबाग सिथोले की इज्जत भी करते थे।

19

38 औरतों का कातिलः ढाई हजार साल की सज़ा

पांच दिसम्बर, 1997। अखबारों और टीवी के संवाददाताओं ने साउथ अफ्रीका के प्रिटोरिया शहर से एक सनसनीखेज खबर भेजी जिसे तुरन्त प्रसारित किया गया। खबर में कहा गया कि एक सीरियल किलर मोजेज सिथोले को सुप्रीम कोर्ट ने 38 हत्याओं, 40 बलात्कारों और लूटपाट के 6 मामलों में अपराधी ठहराया है। साउथ अफ्रीका के इस सबसे खतरनाक और क्रूरतम कातिल को कोर्ट ने अगले दिन 6 दिसम्बर को 2410 साल की कैद की सज़ा सुनाते हुए कहा कि उसे मौत की सज़ा दी जानी चाहिए किन्तु प्रतिबंध के कारण उसे जेल में सड़ते रहने की कड़ी सज़ा दी गई।

सिथोले का जन्म 1964 में हुआ था। सबसे बड़ी बात तो यह थी कि वह बच्चों का यौन शोषण करने वालों के खिलाफ आवाज बुलंद करता रहता था और उन लोगों को मज़ा

चखाने में भी कभी पीछे नहीं रहता था। इसी कारण लोगबाग सिथोले की इज्जत भी करते थे। परन्तु लोगों को यह नहीं मालूम था कि जिसकी वो इज्जत करते हैं, वह शेर की खाल में भेड़िया है।

सिथोले के अपराध की कहानी यूं तो बहुत पहले ही शुरू हो जाती है किन्तु बलात्कार और कत्ल के जुर्म की शुरूआत इसने 1994-95 में की। वह किसी भी तरह से महिलाओं को फंसा लेता और निर्जन स्थानों पर ले जाकर उनके साथ बलात्कार करता, फिर मौत की नींद सुला देता। प्रिटोरिया, जोहानिसबर्ग और ईस्ट एंड क्षेत्रों में 1994-95 के बीच इसने कई महिलाओं को निर्दयतापूर्वक मौत के घाट उतार दिया था। पुलिस महिलाओं के कत्ल और बलात्कार की बढ़ती वारदात के कारण हैरान-परेशान थी। एक के बाद एक कई महिलाओं की लाशें मिलने से साउथ अफ्रीकी पुलिस की नींद हराम हो गई थी। पुलिस को एक ऐसी महिला की लाश भी मिली जिसकी आंखों पर पट्टी बंधी हुई थी। जाहिर था कि हत्यारे ने उस महिला का यह हाल किया था। बाद में पुलिस के सामने सिथोले ने यह बात मान ली थी और अपने बयान में उसने कहा कि मैं उसका नाम तक नहीं जानता था। उसने मेरी बात नहीं मानी तो मैंने उसकी हत्या कर दी और उसे वहीं छोड़कर अपने घर आ गया और स्नान करके कॉफी पीने लग गया। शुरू में जब स्थानीय पुलिस कोई सुराग नहीं लगा पाई तो एफबीआई के व्यवहार विज्ञान विभाग के भूतपूर्व चीफ रॉबर्ट रेसलर को जांच पड़ताल में मदद के लिए बुलाया गया।

वे इस नतीजे पर पहुंचे कि जोहानिसबर्ग के एक कस्बे क्लीवलैंड तथा प्रिटोरिया के कस्बे बॉक्सबर्ग में हुई हत्याओं में काफी समानता है। 18 अक्टूबर, 1995 को एक सप्ताह की गहन तहकीकात और देशव्यापी तलाश के बाद पुलिस को सुराग

मिला और उसने बिना वक्त गंवाए भागते हुए सिथोले को गोली मार कर घायल करके गिरफ्तार कर लिया। पुलिस का खयाल था कि वह एक अन्य अपराधी डेविड सेलेप के साथ मिलकर यह काम कर रहा था। पर कोई सबूत नहीं मिल पाया। दुर्भाग्य से डेविड की मौत पुलिस कस्टडी में हो गई।

22 अक्टूबर, 1996 को सिथोले को 38 हत्याओं और 40 बलात्कारों के आरोप में कोर्ट के सामने पेश किया गया। 14 नवम्बर को कोर्ट की पेशी में जब सिथोले बहुत पीला सा दिखा और उसकी पैन्ट खून से लथपथ पाई गई तो उसका मुकदमा मुल्तवी कर दिया गया। डॉक्टरी जांच में पाया गया कि सिथोले एड्स का रोगी है। उसे अस्पताल भेज दिया गया।

दूसरी तरफ पुलिस अभी सभी तरह के पुख्ता सबूत जुटाने में लगी हुई थी। सिथोले के साथ जेल में बंद तीन कैदियों को लालच देकर एक फिल्म बनाई गई। वीडियोटेप में सिथोले आराम से सिगरेट पीते या सेब खाते हुए अपने एक-एक शिकार की मौत का विस्तृत हाल सुनाते हुए दिखा।

उसने यह भी कहा कि उसे महिलाओं से घृणा थी और उनकी हत्या कर वह उन्हें अच्छा सबक सिखा रहा था। टेप में रिकार्ड किए गए बयान और हत्याओं की स्वीकारोक्ति को सिथोले ने पुलिस तथा जोहानिसबर्ग के एक जर्नलिस्ट के सामने दोहराया था। बाद में पुलिस उससे सच उगलवाने में कामयाब हो गई।

❑❑❑

पाकिस्तान की अदालत ने सीरियल चाइल्ड किलर जावेद इकबाल को 16 मार्च, 2000 को फाँसी की सज़ा सुनाई। जज ने यह भी हुक्म दिया कि उसे उन माता-पिताओं की मौजूदगी में फाँसी पर चढ़ाया जाए जिनके बच्चों का कत्ल उसने किया था।

20

पाकिस्तानी क़ातिल की ख़ौफ़नाक दास्तान

25 अक्टूबर, 2001 को वह अपने एक साथी के साथ काल-कोठरी में मरा हुआ पाया गया हालांकि कानून ने उसे सज़ा-ए-मौत दी थी। जेल अफसरों का कहना है कि उसने ज़हर खाकर ख़ुदकुशी की। उसका नाम था जावेद इकबाल। वह पाकिस्तान का रहने वाला था। उसने 100 से ज्यादा बच्चों का कत्ल किया और काफी दिन तक पकड़ में नहीं आया। आखिर एक दिन कानून ने उसे धर दबोचा। उसकी खौफनाक दास्तान सुनकर जज भी थर्रा गए, पुलिस वाले भौंचक्के रह गए। ऐसे खूंखार कातिल को जो सज़ा दी गई, वह भी कम खौफनाक नहीं थी। जज अलताफ बख्श ने फैसले में कहा कि जावेद की लाश के 100 टुकड़े किए जाएं। उन्हें सौ दिन तक एसिड में रखा जाए जैसाकि कातिल ने मासूम बच्चों के साथ किया था।

पाकिस्तान की अदालत ने सीरियल चाइल्ड किलर जावेद इकबाल को 16 मार्च 2000 को फाँसी की सज़ा सुनाई।

जज ने यह भी हुक्म दिया कि उसे उन माता-पिताओं की मौजूदगी में फाँसी पर चढ़ाया जाए जिनके बच्चों का कत्ल उसने किया था। तेरह साल के लड़के सबीर को भी इसी अभियोग का दोषी करार देकर उसे 42 साल कैद की सज़ा दी गई। दो अन्य साथियों को भी फाँसी की सज़ा सुनाई गई।

42 साल के जावेद इकबाल ने सज़ा के एक साल पहले पुलिस को लिखे एक खत में पहले अपनी हत्याओं का इकरार किया था। उसने कहा कि बच्चों की हत्या के बाद वह उनके टुकड़े कर एसिड में डुबोकर रख देता था। बाद में वह बयान से मुकर गया पर उसकी गिरफ्तारी के बाद पुलिस को उसके घर से दो लाशों के अवशेष मिल गए। पुलिस के हाथ उन सौ बच्चों के फोटो भी लग गए जिनके कत्ल का इकरार उसने खत में किया था। अनेक बच्चों के कपड़े भी उसके घर से बरामद हुए।

इससे पहले 1980 के दशक के मध्य में पाकिस्तान के पंजाब, सिंध और उत्तर-पश्चिम प्रांत में दर्जनों लोगों की रहस्यमय ढंग से रात के समय कत्ल किए जाने की घटनाओं से आतंक फैल गया था। हमलावर रात को घरों में घुस जाते और हथौड़े मार कर लोगों की हत्या कर देते। पुलिस ने हत्या कर आतंक फैलाने वाले हैमर ग्रुप को जिम्मेदार माना पर ये रहस्यमय कातिल कभी कपड़े नहीं जा सके। अधिकतर लापता बच्चों के माँ-बाप ने बच्चों के कपड़ों और फोटो की शिनाख्त भी कर ली, मगर पुलिस एक भी लाश बरामद नहीं कर पाई थी। इकबाल की गिरफ्तारी पुलिस की बड़ी सरगर्मी से तलाश और जाँच के बाद हो पाई थी।

घटना में मोड़ तब आया, जब 30 दिसम्बर को इकबाल एक प्रमुख समाचार पत्र के कार्यालय में पहुँच गया। उसने सीधे पुलिस के पास समर्पण करने से इन्कार कर दिया और कहा कि उसे अपनी जान का खतरा है। मुकदमे के दौरान उसने

कहा कि वह इन हत्याओं का चश्मदीद गवाह था, न कि खुद हत्यारा। उसने कहा कि उसका पहले का इकबाले जुर्म माँ-बाप को चेताने के लिए दिया गया एक संदेश था। उसने उन सभी पर लापरवाही का इल्जाम लगाया। पुलिस को खत में इकबाल ने लिखा था कि वह अक्सर उन बच्चों का कत्ल करता था, जो भिखारी थे। ऐसा वह उस इल्जाम का बदला लेने के लिए किया करता था जब उसे लौंडेबाजी-समलिंगी के आरोप में गिरफ्तार किया गया था। उसने दावा किया कि उसे बिना कसूर गिरफ्तार किया गया था और पुलिस कस्टडी में उसे बुरी तरह मारा गया था। उसने कई भिखारी बच्चों के कत्ल भी किए थे।

उसने दावा किया कि ये कत्ल उसने उन बच्चों की दयनीय स्थिति पर लोगों और सरकार का ध्यान आकर्षित करने के लिए किया। छः महीनों के दौरान किए गए इन कत्लों के इस सिलसिले का इकबाल विस्तृत ब्यौरा भी रखता गया। बच्चों के नाम, उम्र, और कत्ल की तारीख दर्ज करता था। वह हर एक बच्चे के कपड़ों और जूतों के बण्डल बना कर भी रखता था। एक बच्चे के कत्ल पर एसिड आदि के खर्च समेत उसने कुल लागत 120 रुपए दर्ज की थी।

अदालत द्वारा जावेद को सज़ा सुनाने के एक हफ्ते बाद पाकिस्तान के एक उच्च धार्मिक संगठन ने कहा कि सीरियल किलर जावेद की फाँसी का हुक्म इस्लाम के उसूलों के खिलाफ है। फाँसी के बाद उसकी लाश के सौ टुकड़े कर उन्हें एसिड में रखे जाने के आदेश पर काउंसिल ऑफ इस्लामिक आइडियोलॉजी ने कहा कि ऐसा करना मृतक की लाश का आदर करने के उसूल के खिलाफ होगा।

इधर धार्मिक कट्टरपंथी अपना राग अलाप रहे थे, उधर खुदा को कुछ और ही मंजूर था। 25 अक्टूबर 2001 को जेल की कोठरी में इकबाल और सबीर दोनों मृत पाए गए। जेल अधिकारियों का बयान मुल्क की उच्चतम इस्लामिक अदालत

द्वारा फाँसी की सज़ा के खिलाफ उनकी अपील सुनवाई के लिए मंजूर कर लेने के चार दिन बाद आया था। इकबाल ने खतरा जाहिर किया भी था कि पुलिस उसे मार डालेगी। इकबाल पुलिस की साजिश का शिकार हुआ है पर जेल अधिकारियों ने सबूत पेश करते हुए कहा कि पहले भी दो बार इकबाल खुदकुशी की कोशिश कर चुका था।

❏❏❏

डेविड बुलॉक ने जितने भी मर्डर किए वे सब मज़े के लिए किए और इसके लिए उसे कोई पछतावा भी नहीं है। कानून ने उसे मौत की नींद तो नहीं सुलाया किन्तु तिल तिल कर जेल में सड़ने के लिए मजबूर कर दिया।

21

वह मौज मस्ती के लिए करता था क़त्ल

जब इंसान शैतान बन जाता है तभी वह समाज के लिए घातक हो जाता है। ऐसे ही इंसानों को खौफनाक दरिन्दा कहा जाता है। और जब कोई इंसान ऐसी हरकतें करे जिससे दरिंदगी भी कांप जाए तो किसी भी भाषा में ऐसे नर पिशाचों के लिए कोई शब्द रचा ही नहीं जा सकता। ऐसा ही एक खौफनाक दरिन्दा था डेविड बुलॉक।

डेविड बुलॉक ने जितने भी मर्डर किए वे सब मज़े के लिए किए और इसके लिए उसे कोई पछतावा भी नहीं। कानून ने उसे मौत की नींद तो नहीं सुलाया किन्तु तिल तिल कर जेल में सड़ने के लिए मजबूर कर दिया। अब समझें कि यह कातिल किस प्रकार का जुर्म करता था? वह कहां पैदा हुआ था और उसके कारनामे क्या-क्या थे?

13 नवम्बर, 1960 को न्यूयार्क में जन्मे डेविड बुलॉक को किशोर अवस्था से ही बुरी आदतें पड़ गईं। फरवरी 1977

में उसे एक अपराध में न्यूयार्क के मोनरो स्थान पर गिरफ्तार किया गया। पांच महीने बाद मेनहट्टन में उसे फिर दोषी पाया गया और अपराधी किशोरों के आश्रम में भेज दिया गया, जहां से नवम्बर में उसे सशर्त रिहा किया गया।

जनवरी 1978 में न्यूयार्क के ही चोशेन नामक स्थान पर उसे लूट के एक मामले में पकड़ा गया। अगले तीन सालों में बुलॉक लूट के और कई मामलों में संलिप्त पाया गया। अब उसने मेल प्रॉस्टीट्यूशन और अंडरवर्ल्ड में भी कदम रख दिया। दिसम्बर 1981 और जनवरी 1982 के बीच उसने छः हत्याएं बिना किसी कारण के कर डालीं।

इनमें से पहला कत्ल उसने जेम्स वैबर नामक एक अभिनेता का किया। यह 4 दिसम्बर की एक शाम को सेन्ट्रल पार्क की बात थी। नौ दिन बाद बुलॉक ने एडविला एटकिन्स नाम की वेश्या को इस कत्ल के बारे में बताया तो वह उसके सामने ही अविश्वास से हंस दी। उसके साथ सम्भोग करने के बाद बुलॉक ने उसके मुंह पर तकिया रखकर उसके सिर में गोली मार दी। उसके बाद उसने उसके अपार्टमेंट को आग लगा दी।

15 दिसम्बर को जब 29 साल का एक व्यापारी स्टीफेन हैसेल उसे समलिंगी सम्बन्धों के लिए घर ले गया तो उसने उसके साथ भी ऐसा ही सलूक किया। जासूसों के पूछने पर बाद में बुलॉक ने बताया कि ऐसा उसने किसी खास वजह से नहीं बल्कि अपने आपको खुश करने के लिए किया। बुलॉक का चौथा शिकार बना उसी का रूममेट माइकल विनले जिसे उसने 23 दिसम्बर को गोली मारी। उसकी लाश बाद में उसने हर्लेम नदी में फेंक दी थी।

इसी प्रकार 50 साल का हर्बर्ट मोरेल बुलॉक को एक क्रिसमस पार्टी के बाद अपने घर ले जाने की गलती कर बैठा।

इसका खामियाजा उसे अपनी जान गंवा कर उठाना पड़ा। बुलॉक के अनुसार मोरेल ने क्रिसमस ट्री के साथ छेड़खानी शुरू कर दी और मुझसे बोला कि यह कितना अच्छा लगता है। इस पर मैंने उसे गोली मार कर ढेर कर दिया। बाद में उसने उसके घर को भी आग के हवाले कर दिया।

अब तक बुलॉक ने अपने शिकार 038 रिवॉल्वर से किए थे और इनमें से किसी के पीछे कोई खास वजह नहीं थी। 4 जनवरी को बुलॉक नकदी की तलाश में था और उसके पास शॉटगन थी। तभी उसकी मुलाकात माउंट मौरिस पार्क में 28 साल के एरिक फुलर से हुई। बस फिर क्या था। एरिक उसका निशाना बन गया और नकदी भी गंवा बैठा। 15 जनवरी 1982 को उस पर छः हत्याओं का अभियोग लगाया गया, पर बुलॉक ने जासूसों को बताया कि उसने चार और लोगों को भी निशाना बनाने की कोशिश की थी। सबूतों और साक्ष्यों के अभाव में उस पर और अधिक अभियोग नहीं लगाने का फैसला किया गया।

26 अक्टूबर 1982 को बुलॉक ने छः हत्याओं का अपराध कबूल कर लिया। कारण पूछने पर उसने कहा कि ये उसके लिए मौज मस्ती थी, एक खेल था। प्रत्येक हत्या के लिए 25 साल के कारावास की सज़ा सुनाते हुए जज ने उसे जीवन के आखिरी क्षण तक जेल से बाहर न निकलने देने की सज़ा दी।

❑❑❑

अपराध की दुनिया में उसने 40 साल की उम्र के बाद एंट्री ली और उसके कारनामों की काली दास्तान ने पुलिस और लोगों को दांतों तले उंगली दबाने को मजबूर कर दिया। पुलिस वाले भी उससे घबराते थे।

22

रहस्यमय हत्यारा

क्या आप किसी ऐसे सीरियल किलर का नाम जानते हैं जो सालों से ज़िन्दा हो और कहीं दिखाई नहीं देता हो? क्या आपको किसी ऐसे क़ातिल की सूरत याद है या आपने सुना है कि जिसने पचास साल पहले क़त्ल किए हों और लोग उसे कभी-कभी अपने आसपास घूमते हुए महसूस करते हों?

जी हाँ, ऐसा ही खूंख़ार क़ातिल था बेला किस। बेला किस ने 24 से ज्यादा हत्याएं कीं किन्तु वह कभी पकड़ा नहीं जा सका। जब पुलिस को उसके अपराधी जीवन के बारे में जानकारी मिली तब तक बहुत देर हो चुकी थी।

वह एक ऐसा ख़ामोश दरिन्दा था जो इंसान को सब्जी की तरह काट देता था। वह फौजियों को भी चकमा देने में सफल हो गया और 1914 के नवंबर महीने में मिलिट्री सर्विस में भर्ती हो गया और मोर्चे पर लड़ाई के लिए चला गया। फिर

वहाँ से 18 महीने बाद जो गायब हुआ तो पचास साल बीत जाने के बाद भी रहस्य बना रहा। बेला किस का जन्म हंगरी में संभवतः 1872 में हुआ था। पेशे से वह एक शौकिया ज्योतिषी था और लोग उसे एक समझदार इन्सान मानते थे। उसके पास ज्योतिष विद्या से संबंधित अनेकों पुस्तकें थीं। वह एक नफीस और शानदार इन्सान की ज़िन्दगी बसर कर रहा था। 40 साल की उम्र तक वह अपने इलाके में एक लोकप्रिय और इज्ज़तार इन्सान की तरह जाना जाता था।

अपराध की दुनिया में उसने 40 साल की उम्र के बाद एंट्री ली और उसके कारनामों की काली दास्तान ने पुलिस और लोगों को दांतों तले उंगली दबाने को मजबूर कर दिया। पुलिस वाले भी उससे घबराते थे।

फरवरी 1912 में चालीस साल की उम्र में अपने से पन्द्रह बरस छोटी अपनी पत्नी मेरी के साथ हंगरी की राजधानी बुडापेस्ट के पास चिंकोटा गांव चला आया था। यहाँ आने के कुछ ही हफ्तों बाद मेरी को एक युवक से प्रेम हो गया। एक दिन वह अपने प्रेमी के साथ भाग गई।

कुछ दिनों तक खामोश रहने के बाद दिसम्बर 1912 में बेला किस ने पड़ोसियों को बताया कि उसकी पत्नी अपने प्रेमी पाल बिकारी के साथ भाग गई है। पत्नी के भाग जाने के बाद बेला ने घरेलू कामकाज के लिए एक अधेड़ उम्र की औरत को रख लिया। चिंकोटा के उस नए कुंआरे के पास अब कई औरतें टाइम पास करने के लिए आने लगीं।

इस दौरान किस ने मेटल के बड़े-बड़े ड्रम एकत्र करने शुरू कर दिए। गांव में तैनात पुलिस के एक कांस्टेबल के पूछने पर उसने जवाब दिया कि यूरोप में युद्ध छिड़ जाने के कारण वह इन ड्रमों में पेट्रोल इकट्ठा कर रहा है। इसी बीच दो विधवाओं स्मेडिक और वर्गा के अपने-अपने घरों से अचानक गायब हो

जाने की घटना से बुडापेस्ट पुलिस हरकत में आ गई और जी-जान से तहकीकात में जुट गई। इन दोनों विधवाओं को आखिरी बार हॉफमैन नाम के एक आदमी के साथ बुडापेस्ट के मार्गरिट पुल के पास की एक बस्ती में देखा गया था। वह आदमी भी गायब हो गया था।

चिंकोटा गांव का कांस्टेबल इस घटना को बेला किस से किसी भी तरह जोड़ कर नहीं देख पा रहा था। नवम्बर 1914 में बेला किस मिलिट्री सर्विस में भर्ती होकर फ्रंट पर चला गया। अट्ठारह महीने बाद चिंकोटा के अधिकारियों को सूचित किया गया कि बेला किस लड़ाई में मारा गया। जून 1916 में जब सिपाही पेट्रोल की तलाश में चिंकोटा गांव आए तो कांस्टेबल को बेला किस की याद आई और वह सिपाहियों को मृतक फौजी बेला किस के घर ले आया। सिपाहियों ने जब उन ड्रमों को उलटा किया तो उनमें पेट्रोल नहीं बल्कि सातों ड्रमों में सात औरतों की नंगी लाशें अल्कोहल में प्रिज़र्व की हुई मिलीं। उबेला किस के घर की एक दराज में कई औरतों के पत्र मिले। ये सभी पत्र हॉफमैन नाम के आदमी के नाम थे। ये पत्र एक विज्ञापन के जवाब में लिखे गए थे जो एक विधुर ने स्त्री साथी की आवश्यकता के लिए छपवाए थे।

गहन तहकीकात के बाद सत्रह और ऐसे ही ड्रम मिले जिनमें इसी तरह की नंगी औरतों की लाशें थीं। बेला किस की पत्नी मेरी किस की लाश भी उनमें से एक थी। चौबीस औरतों की लाशों के साथ-साथ मेरी के प्रेमी पॉल बिकारी की भी लाश पाई गई। खुफिया पुलिस के जासूस इस नतीजे पर पहुंचे कि ईर्ष्या से प्रेरित होकर बेला किस ने अपनी पत्नी और उसके प्रेमी की हत्या कर लाशों को इस अनूठे ढंग से छिपाने की योजना बनाई। पुलिस ने यह तथ्य खोज निकाला कि पत्नी के भाग जाने के बाद अगले दो सालों तक बेला किस इसी तरह अन्य औरतों को अपना शिकार बनाता रहा। यह एक बहुत ही

घृणास्पद कृत्य था पर हत्यारा किस तो उससे भी ऊँची अदालत के सामने पहुँच चुका था।

बाद में पुलिस इस तथ्य का पता लगाने में भी सफल हो गई कि 1919 में हॉफमैन के नाम से बुडापेस्ट के मार्गरिट ब्रिज पर दिखाई देने वाला शख्स बेला किस ही था। पुलिस जाँच से यह भी सिद्ध हो गया कि युद्ध में बेला किस के मारे जाने की खबर के पीछे भी बेला किस का ही हाथ था और असल में वह मरा नहीं था। पुलिस उसकी तलाश में मशगूल रही।

1924 में फ्रेन्च फॉरेन लिजन से भाग कर आए एक भगोड़े सैनिक से पता चला कि हॉफमैन नाम का एक आदमी सरेट में सिपाहियों को अपने कारनामे सुनाया करता है। पर जब तक पुलिस वहां पहुंची, वह वहां से भी गायब हो गया।

1932 में न्यूयार्क के एक डिटेक्टिव हेनरी ओस्वाल्ड ने बेला किस को टाइम्स स्क्वॉयर सब-वे स्टेशन से निकलते देखा। अब तक वह 70 साल का हो गया था। पर भीड़भाड़ अधिक होने के कारण वह जासूस उस तक नहीं पहुंच पाया। कुछ देर बाद बेला किस जासूस की नजरों से ओझल हो गया।

1936 में यह अफवाह उड़ी कि सिक्स्थ एवेन्यू की किसी बिल्डिंग के अपार्टमेंट में बेला किस कोई काम करता है। यहाँ भी वह पुलिस को चकमा देने में कामयाब हो गया। कुछ भी हो, बेला किस कभी न्यूयार्क में था या नहीं, पर इतने साल बीत जाने के बाद भी वह पकड़ में नहीं आया और रहस्य ही बना रहा। अपराध के इतिहास में आज भी वह रहस्यमय हत्यारा है जिसका कोई अता-पता नहीं है।

❒❒❒

उसका कहना है कि उसने जितनी भी हत्याएं की हैं, किसी वहशी आत्मा के आदेश से की हैं, इसमें उसका कोई दोष नहीं है। अदालत में भी उसने कहा कि जॉर्ज नाम का एक पिशाच उसके पीछे पड़ा हुआ है और वही उससे कत्ल कराता है।

23

पिशाच के कहने पर क़त्ल करता था वह!

पचास साल से अधिक समय गुजर जाने के बाद भी वह सलाखों के पीछे था। वह अमेरिका की इलिनोयस जेल के सबसे पुराने कैदियों में से एक था जिसे तीन-तीन आजन्म कारावास की सज़ा दी गई थी।

वह 1929 में पैदा हुआ था और 1946 में कई हत्याओं के जुर्म में उसे गिरफ्तार किया गया था। गिरफ्तारी के समय वह सिर्फ 17 साल का था।

उसे हत्याओं और लूटपाट के जुर्म में सज़ा दी गई थी। उसका कहना है कि उसने जितनी भी हत्याएं की हैं, किसी वहशी आत्मा के आदेश से की हैं, इसमें उसका कोई दोष नहीं है। अदालत में भी उसने कहा कि जॉर्ज नाम का एक पिशाच उसके पीछे पड़ा हुआ है और वही उससे कत्ल कराता है।

आप ज़रूर जानना चाहेंगे कि सनसनी फैलाने वाला कौन है वह?

कैसे उसने जुर्म की दुनिया में कदम रखा?

उसका नाम था विलियम हेरन्स। एक ज़माने में वह शिकागो यूनिवर्सिटी का छात्र था। अमीर बाप का बेटा शिकागो के पास लिंकनवुड कस्बे में रहता था। जब वह 11 साल का था, उसने एक दंपत्ति को प्रेम करते देख लिया था। उसने घर जाकर मां से जिक्र किया। मां उसके साथ सख्ती से पेश आई। उसने विलियम की पिटाई भी कर दी और गुस्से में नसीहत देते हुए कहा सेक्स गंदी चीज़ है और लड़कियों के पास जाने का मतलब बीमार हो जाना होता है।

बस किशोर अवस्था के विलियम के दिलोदिमाग में यह बात घर कर गई। यहीं से वह औरतों से नफरत करने लगा और उसके मन में यह विचार धीरे-धीरे घर करता गया कि औरत नाम की बुरी चीज को जितना तड़पाओगे, अच्छा रहेगा।

जुर्म की शुरूआत उसने लूटपाट और मारपीट से की। किसी भी कारण से चाहे क्लास में हो या भीड़-भाड़ में, जब भी किसी लड़की या औरत का बदन उसे छूता, वह अपने आपको बीमार महसूस करता था। उसने औरतों को लूटने के लिए पिस्तौल और चाकू इकट्ठे करने शुरू कर दिए। जहां भी कहीं वह औरतों के अण्डरगारमेंट देखता, चुरा लाता और अपने कमरे को बंद करने उन्हें पहनकर सुकून महसूस करता। घंटों वह शीशे के सामने औरतों के कपड़े पहन कर अपने आपको निहारता रहता।

अब नज़र डालते हैं उन घटनाओं पर जिनके कारण उस ज़माने में अखबारों ने पुलिस की नींद उड़ा दी थी औरतों और बच्चों की हत्याओं से शिकागो के लोग गहरी चिन्ता में डूब गए थे। 17 साल के शिकागो यूनिवर्सिटी के छात्र विलियम हेरन्स

ने 3 स्त्रियों के घरों में सेंध लगाकर घुसने के बाद उनकी हत्या कर दी थी। धीरे-धीरे वह चालाक और फुर्तीला लुटेरा बन गया था। उसने कई तरह के हथियार जमा कर डाले थे।

बाद के सालों में एक गर्लफ्रेंड के सामने हेरन्स फूट-फूट कर रो पड़ा और अपनी हालत पर उसे बहुत ही तरस आया कि वह औरतों से नफरत क्यों करता है। उसे अपने आप से चिढ़ हो गई और एक दिन वह घर से भाग खड़ा हुआ। 1942 में 13 साल की उम्र में हेरन्स को स्कूल में भरी हुई पिस्तौल लाने पर गिरफ्तार कर लिया गया। पुलिस को घर आया देख माता-पिता हैरान हो गए। बाद में उनके फ्रिज के पीछे तीन और पिस्तौलें तथा चार अन्य हथियार छत पर छिपे मिले। एक जज ने उसे तीन साल के लिए पेरू इंडियाना की यूथ फेसिलिटी या सुधार घर में रहने का आदेश दिया।

तीन साल बाद घर लौटने पर उसने शिकागो यूनिवर्सिटी में जगह पा ली। इस बीच वह सेंध लगाने और लूटपाट के अपराध में भी जी जान से जुट गया।

3 जून 1945 को जब हेरन्स शिकागो की जोसफिन रोज के अपार्टमेंट में सेंध लगाकर लूटपाट कर रहा था, वह अचानक जाग गई और उसे पकड़ लिया। हेरन्स ने उस पर बुरी तरह हमला कर उसका गला रेत डाला और छुरे से कई वार किए। पर खून देखकर वह घबरा गया और पट्टी बांध कर खून रोकने की कोशिश की। इसके बाद वह दो घंण्टे तक कमरों में निरुद्देश्य चक्कर लगाता रहा।

चार महीने बाद सेना की एक नर्स के अपार्टमेंट में सेंध लगाई। लेफ्टिनेंट एवलिन पीटरसन नाम की उस महिला की उसने हत्या कर दी और भाग खड़ा हुआ। उसके हाथों के निशानों का मिलान करने पर भी पुलिस उसे गिरफ्त में नहीं ले पाई।

10 दिसम्बर 1945 को 33 साल की फ्रांसिस ब्राउन नहा कर बाथरूम से बाहर निकली तो हेरन्स को अपने पर्स की तलाशी लेते पाया। जैसे ही वह चीखी चिल्लाई हेरन्स ने उस पर पिस्तौल से दो गोलियां चला दीं। फिर बाकी काम तमाम करने के लिए रसोईघर से चाकू ले आया। इसके बाद वह उसे खींचकर बाथरूम की ओर ले गया और खून के दाग धब्बे धोने की कोशिश की। लाश को बाथरूम के पास अधढंका छोड़ कर उसने उसकी लिपस्टिक से शीशे पर लिखा- अगली हत्या से पहले मुझे पकड़ सको तो पकड़ लो। मैं खुद पर काबू नहीं रख सकता।

एक महीने बाद 7 जनवरी 1946 को वह छः साल की सुजेन डेग्नान के कमरे में घुस गया और उसका अपहरण कर लाया और 20,000 डॉलर का मांग पत्र भी फिरौती के लिए छोड़ गया। बाद में उसे पास ही के एक बेसमेंट में ले जाकर उसकी हत्या कर दी और लाश को चाकू से काट डाला। उन टुकड़ों को कागज में लपेट कर उसने अगली सुबह नालों में जगह-जगह डाल दिया। 26 जून तक पुलिस इस हत्या की गुत्थी नहीं सुलझा पाई। तभी पुलिस को शिकागो के उत्तर में हत्यारे के होने की सूचना मिली।

वर्दीधारियों को देख कर हेरन्स ने पिस्तौल निकाल ली और दो फायर किए पर कोई भी निशाने पर नहीं लगा। तब वह ऑफिसरों से गुत्थम-गुत्था हो गया और बुरी तरह मुकाबला करता रहा जब तक कि उसके सिर पर वार कर उसे बेहोश नहीं कर दिया गया।

हेरन्स पर तीन हत्याओं का मुकदमा चला और उसे तीन आजन्म कारावासों की सजा सुनाई गई। अप्रैल 1983 में एक जज ने उसके पुनर्वास की दृष्टि से उसकी रिहाई का आदेश दिया। पर फरवरी 1984 में प्रॉसीक्यूशन की अपील पर यह आदेश रद्द कर दिया गया।

वह यही कहता था कि जॉर्ज मर्मन नाम का पिशाच मेरे लिए एक वास्तविकता है। मैं कई बार उससे बातें करता हूं और मैंने उसे कई प्रोनोट लिखे हैं। उसने इलिनोयस की जेल में रहते हुए लोगों से तथा सरकार से अपील की कि उसे रिहा कर दिया जाए।

❑❑❑

अजीब व्यवहार और हरकतों को देखकर एक दिन पुलिस ने उसे पकड़ लिया और सेनफ्रांसिस्को भेज दिया। पन्द्रह महीनों तक वह इधर-उधर भटकता रहा। इस बीच उसे हत्या करने का संदेश देने वाली आवाजें सुनाई देती रहीं।

24

रहस्यमय आवाज़ें देती थीं हत्या का आदेश?

उसका मानना था कि उसने जो कुछ किया, वह रोशनी के देवता के आदेश से किया। वह आकाश में रहता है, रहस्यमय है और किसी को दिखाई नहीं देता। कोर्ट में जज ने उससे पूछा कि उसने लगातार इतने लोगों का कत्ल क्यों किया तो उसने गर्व से कहा– एक भयंकर भूकम्प को रोकने के लिए उसने उन लोगों को मार डाला जिनके लिए उसे ऊपर से आदेश मिला था।

उसके साइक्रेट्रिस्ट ने जब यह पूछा कि प्राकृतिक आपदा को रोकने की एवज में उसे सज़ा क्यों दी जा रही है तो उसने तपाक से कहा कि ये सब कानूनों का दोष है, मेरा कोई अपराध नहीं है। धरती की रक्षा के लिए उन सभी हत्याओं की ज़रूरत थी। हम सबको एक दिन मरना ही होगा। फिर वह उत्तेजित होते हुए चेतावनी की भाषा में बोलाः मैं तो कहता हूं

कि आप सबको भी मर जाना चाहिए ताकि पृथ्वी को समंदर में गिरने से बचाया जा सके।

पांच फुट सात इंच लंबे इस सीरियल किलर का नाम था- हर्बट म्यूलिन। उसने पांच महीनों के दौरान 1972-73 में अमेरिका के कैलिफोर्निया में 13 लोगों को मौत के घाट उतार दिया था। उसका लालन-पालन एक अच्छे धार्मिक परिवार में हुआ था। उसे सौ साल के कारावास की सज़ा दी गई। उसने पहला कत्ल किया 13 अक्टूबर 1972 को। तब वह 24-25 साल का ही था।

हाई स्कूल पास करने तक वह बिल्कुल सामान्य था। उसका एक दोस्त एक कार दुर्घटना में मारा गया। इस दुर्घटना से उसे बहुत सदमा लगा। वह कुछ दिनों तक गुमसुम रहा और फिर अचानक एक दिन उसने अपने कमरे का फर्नीचर अपने मित्र के फोटो के इर्द-गिर्द सजा दिया और मित्र के फोटो से बोला कि वह समलैंगिक हो गया है।

फरवरी 1969 में छः सप्ताह के लिए उसे एक मानसिक अस्पताल में रखा गया। वह बुरी तरह नशे की दवाओं का आदी हो गया। उसे कुछ अजीब-अजीब अवाजें सुनाई देने लगीं और वह उनकी तरफ खिंचा चला गया। परिचितों को तब बड़ा आश्चर्य हुआ जब उसने सिर मुंडवा लिया। एक दिन उसने अपना गुप्तांग सिगरेट से जला डाला।

अजीब व्यवहार और हरकतों को देखकर एक दिन पुलिस ने उसे पकड़ लिया और सेनफ्रांसिस्को भेज दिया। पन्द्रह महीनों तक वह इधर-उधर भटकता रहा। इस बीच उसे हत्या करने का संदेश देने वाली आवाजें सुनाई देती रहीं। सितम्बर 1972 में वह घर वापस आ गया।

13 अक्तूबर 1972 की बात है। म्यूलिन ने एक बूढ़े आदमी को सड़क के किनारे जाते देखा। उसने अपनी कार रोकी

और बोला कि कार में कुछ खराबी आ गई है। जैसे ही वह बूढ़ा कार के इंजिन पर झुका, म्यूलिन ने बेसबॉल बैट उसके सिर पर दे मारा। बूढ़ा वहीं ढेर हो गया। वह उसे वहीं छोड़ कर भाग खड़ा हुआ। यही उसका पहला शिकार था।

11 दिन बाद म्यूलिन ने एक छीनाझपटी करने वाली लड़की मेरी गिलफोयल की छाती में छुरा घोंपकर मार डाला। इसके बाद लाश के टुकड़े कर वह घर आ गया। 2 नवम्बर को वह सेंट मेरी चर्च गया और वह वहां के कनफेशन बॉक्स में खड़े होकर फादर के सामने अपने किए को स्वीकार किया। इसके बाद उसने फादर को भी कनफेशन कक्ष से बाहर घसीटा और छुरे से वार कर मार डाला। बाद में उसने इस घटना का ब्यौरा देते हुए पुलिस को बताया कि कनफेशन कक्ष के ऊपर उसे एक प्रकाश पुंज दिखा और आवाज सुनाई दी– इस व्यक्ति को ही मार डालो।

इसके बाद तो म्यूलिन बिल्कुल अनियंत्रित हो गया। उसने एक पिस्तौल ली और 25 जनवरी 1973 को अपने एक मित्र जिम ग्यानेरा की तलाश में निकल पड़ा जिसने उसे मारीजुआना की लत डाली थी। वह उसके पुराने पते पर गया जहां कैथी फ्रांसिस ने जिम का नया पता बता दिया। उस पते पर जाकर म्यूलिन ने जिम को गोली मारी और फिर उसकी पत्नी को भी छुरे से मार डाला और गोली भी मारी। इसके बाद म्यूलिन ने एक अजीब सी ताकत का अहसास किया। वह कैथी फ्रांसिस के पास आया और सोती हुई कैथी को गोली मार दी। उसके दूसरे कमरे में जाकर उसने कैथी के चार और नौ साल के सोते बच्चों को भी मौत की नींद सुला दिया।

6 फरवरी को एक पार्क में म्यूलिन 14 से 19 साल के चार बच्चों के पास पहुँचा और अपनी राइफल से चारों की हत्या कर डाली। एक सप्ताह बाद पड़ोस की गली से गुजरते हुए म्यूलिन ने एक वृद्ध को अपने बगीचे में काम करते देखा। उसने

उस पर अपनी कार चढ़ा। फिर कार से उतर कर पिस्तौल से उस पर गोली दाग दी। फ्रेड पेरूज वहीं ढेर हो गया और म्यूलिन अपनी कार लेकर चल दिया पर पड़ोसी ने कार नम्बर नोट कर लिया और जल्द ही म्यूलिन को गिरफ्तार कर लिया गया। गिरफ्तार होने के बाद उसने अपने अपराध कबूल कर लिए। उसने कहा कि उसने ऐसा कर पृथ्वी को भयंकर भूकंप से बचाया है।

❑❑❑

इवान मिलट जिसने 1990 में सात बैकपैकर्स की हत्या की थी और साउथ ऑस्ट्रेलिया का ट्रो हत्याकाण्ड जिसमें सात नवयुवतियों की हत्या की गई थी- इनसे भी चार क़त्ल अधिक किए बंटिंग ने।

25

18 लोगों का क़त्लः 15 मिलियन डॉलर का खर्चा

दिन 9 सितम्बर 2003। ऑस्ट्रेलिया के अखबारों की सुर्ख़ियां थीं: 'ऑस्ट्रेलिया का सबसे बड़ा सीरियल किलिंग केस''।

''मामलों की तफ्तीश और अदालती कार्यवाहियों पर 15 मिलियन डॉलर (150 लाख रुपये) खर्च''

37 साल के जॉन बंटिंग को 11 तथा 31 साल के रॉबर्ट वेग्नर को 7 हत्याओं के जुर्म में आजन्म कारावास की सजाएं सुनाई गईं। ये सजाएं 1977 से 1999 के बीच बीस महीनों के दौरान की गई हत्याओं के अपराध में दी गईं। दोनों ही क़ातिलों ने अपने घिनौने अपराधों को कबूल कर लिया था।

जॉन बंटिंग और वेग्नर, दोनों ने कमसिन लड़कियों और समलैंगिक संबंधों की उत्तेजना और रंगरेलियों का शौक पूरा करने के लिए क़त्ल जैसे घिनौने अपराध किए। अदालत ने

फैसला सुनाते हुए कहा कि क़ातिलों को मौजमस्ती के लिए किए गए अपराध की एवज में सजा के साथ 38 हजार पौण्ड जुर्माने के रूप में 8 पीड़ित परिवारों को देने होंगे।

अब एक सरसरी नज़र डालते हैं इनकी क्रिमिनल हिस्ट्री पर

मई 1999 की बात है। स्नोटाउन बैंक में छः बैरलो में आठ लाशों के अवशेष पाये गये। बाद में चार लाशें और बरामद की गई जिनमें से दो जॉन बंटिंग के पहले वाले बैकयार्ड में दफनाई गई थीं।

जॉडी इलियाट के साथ जॉन बंटिंग की शादी तय हो चुकी थी और वह उसके लिये वैलेन्टाइन डे पर पार्टी दे रहा था। पर उससे पहले ही उसने उसकी बड़ी बहन और उसके बेटे की हत्या कर डाली थी। वैसे बंटिंग का साथ देना इलियाट की मजबूरी थी। दूसरों के खातों से पैसे निकालने में वह उसकी भरपूर मदद करती थी।

37 साल के बंटिंग को ऑस्ट्रेलिया का सबसे बुरा सीरियल किलर करार दिया गया था। इवान मिलेट जिसने 1990 में सात बैकपैकर्स की हत्या की थी और साउथ ऑस्ट्रेलिया का ट्ररो हत्याकाण्ड जिसमें सात नवयुवतियों की हत्या की गई थी- इनसे भी चार क़त्ल अधिक किए बंटिंग ने।

यह दक्षिणी ऑस्ट्रेलिया की सबसे लम्बी और उलझी सुनवाई थी। ग्यारह महीने के बाद जूरी को फैसला सुनाने में सात दिन का समय लगा। बूचड़खाने में काम करने वाले जॉन बंटिंग को 11 हत्याओं और उसके लम्बे चौड़े भीमकाय शरीर वाले साथी राबर्ट वेग्नर को 7 हत्याओं का दोषी करार दिया गया।

दक्षिणी ऑस्ट्रेलिया के लोगों में चार साल पहले जो भावना घर कर गई थी कि पिछले पूरे दशक में 'सैडिस्ट किलर्स'

का एक ग्रुप उनके बीच बिना किसी रोकटोक के घूम रहा है– वह आज सत्य सिद्ध हो गया।

विश्व की खूनी राजधानी बनता जा रहा था एडिलेड । पुलिस पहले से कह रही थी कि हत्यारे अपने घर से ज्यादा दूर नहीं जाते। इनमें से अधिकतर सामाजिक रूप से तिरस्कृत एडिलेड के उत्तर में रहने वाले वे लोग थे जिनका यौन शोषण किया गया था। इनमें से एक पेंडोफाइल वैरी लेन तो एक लाश दफनाने में उनका साथ देता पाया गया था। बाद में वह खुद हत्यारों के हत्थे चढ़ कर अपनी जान गँवा बैठा था।

इन हत्याकाण्डों में मारे गये लोग अपराधियों में से किसी न किसी को अवश्य जानते पहचानते थे। या तो वे उनके आसपास ही रहते थे या फिर उनके परिवार के ही सदस्य थे। मार्कस जॉनसन के पुत्र डेविड जॉनसन की हत्या उसी के सौतेले बेटे जेमस व्लासाकिस ने की थी।

जिस तरह कुछ गवाहों ने अपने बयान दिये उससे साफ जाहिर हो गया कि कैसे उनका शोषण किया जा रहा था। बंटिंग की पूर्व पत्नी वेरोनिका ट्रिप ने जूरी के सवालों का जवाब बहुत धीमी आवाज़ में दिया। पूरी गवाही के दौरान वह ठंडी बीयर को कस कर जकड़े रही थी। जूरी को बताया गया कि आयु के मुताबिक उसका मानसिक विकास नहीं हो पाया था और उसकी गिरफ्तारी तक उसने किसी को बताया भी नहीं था।

हत्याओं को करने के तरीकों से साफ जाहिर हो गया था कि उन्होंने ये हत्याएँ आवेश और मौज-मस्ती के मिले-जुले भाव से की थीं। बंटिंग और वेग्नर खुलेआम हत्याओं का जिक्र करते और इसे 'खेल' बताते रहे।

हत्या की वारदातों का ज्यादा सम्बन्ध बंटिंग के व्यक्तिगत जीवन से था। पेडोफाइल्स के आवेश का शिकार होकर वह उनके खिलाफ घृणा का समंदर पाले बैठा था। उसने पहला कत्ल

एक नौजवान समलिंगी क्लिंटन ट्रेजिस का किया था जिसे मार कर उसने एक कब्र में दफना दिया था।

जैसे-जैसे हत्याओं का सिलसिला आगे बढ़ता गया, हत्याएँ खौफनाक से ज्यादा खौफनाक होती चली गईं। लाशों के टुकड़े-टुकड़े करना, उनके हाथ-पैर आदि काट कर फेंक देना अब उनके लिए गाजर-मूली की तरह था।

जस्टिस ब्रायन मार्टिन ने जूरी को बताया 'वेग्नर ने अपना हाथ पीछे से खींच कर निकाला और मांस के लोथड़े से भरा सर्जिकल ग्लव (दस्ताना) दिखाया।' मार्कस जॉनसन जिसके बेटे की उसने हत्या कर डाली थी, बिल्कुल जड़ होकर रह गया जब मार्टिन ने कहा कि शायद उसके बेटे की टांग काटने की कोशिश की गई थी।

जेम्स व्लासाकिस (23) ने 2001 में स्वीकार किया था कि उसने अपने सौतेले भाई डेविड जॉनसन सहित चार लोगों की हत्या की थी। जॉनसन के उसकी नज़र में आने की वजह थी उसकी पूर्व सौतेली माँ, जो व्लासाकिस की भी माँ थी।

व्लासाकिस जिसे पिछले ही साल 26 साल की सजा सुनाई गई थी, इस केस में मुख्य गवाह बना। पुलिस के सामने अपने गुनाह कबूल करते समय यह नौजवान रो पड़ा और उसे मतली हो आई थी। उसकी माँ क्रिस्टीन हार्वे बंटिंग के साथ रहने लग गई थी और इसी कारण व्लासाकिस बंटिंग के प्रभाव में आ गया था। 14 साल का व्लासाकिस उस समय अपने एक पड़ोसी द्वारा यौन शोषण का शिकार हो गया और वह बंटिंग की पूजा करने लगा, क्योंकि बंटिंग बच्चों का यौन शोषण करने वालों का दुश्मन था। उसे ये मालूम नहीं था कि बंटिंग एक हत्यारा है। दिसम्बर 1991 में बंटिंग अपनी पत्नी वेरोनिका ट्रिप के साथ दक्षिणी सेलिसबरी के एक मकान में आकर रहने लगा। इसके फौरन बाद ही उसकी मुलाकात एक दम्पत्ति बैरी लेन और उसके प्रेगी वैग्नर से हो गई।

हालांकि वैग्नर ने इसका खण्डन किया, पर लेन के साथ उसके समलिंगी सम्बन्ध थे। बाद में उसने लेन की हत्या कर दी। व्लासाकिस की मुलाकात लेन और वेग्नर से 1994 में हुई। व्लासाकिस स्कूल से उस दिन घर आया तो देखा कि वे लोग उसकी माँ से एक पड़ौसी के बारे में बात कर रहे हैं जिसने उसे गाली दी थी। कुछ ही दिनों में बंटिंग उसकी नजरों में चढ़ गया- एक पिता और हीरो बनकर। उसने व्लासाकिस को बताया कि उसका भी इसी प्रकार यौन शोषण किया गया था।

जॉन बंटिंग और वेग्नर का अंतिम शिकार एलिजाबेथ हेडन थी जिसको चौथे आरोपी हत्यारे मार्क हेडन से शादी के जाल में फंसाया गया था। दिसम्बर 1998 में उसके गायब होने से पुलिस को शक हो रहा था। इन 'स्नोटाउन हत्यारों' को सज़ा सुनाने में 15 मिलियन डॉलर खर्च हो गये।

सरकार व विश्वविद्यालय द्वारा एडिलेड के गरीबी से त्रस्त इलाकों के एक सर्वेक्षण में गरीबी, सामाजिक टूट्न, बेरोजगारी और जीवन के प्रति निराशा का भाव इस क्षेत्र में बढ़ते अपराधों के लिए जिम्मेदार पाया गया। सर्वेक्षण अध्ययन की लेखिका डॉ. हेलन मेशन का कहना है कि स्नोटाउन जैसी घट्नाएँ इसलिए भी होती हैं कि लोगों के पास इससे बेहतर करने के लिए कुछ होता ही नहीं। जीने की कोई आशा न हो तो अपराध ही मनोरंजन का साधन बन कर रह जाते हैं।

❑❑❑

उसने स्वीकार किया कि वह छः सौ औरतों का क़ातिल है किन्तु अखबार वाले इसे सफेद झूठ मानते हैं। वह औरतों की हत्या करके लाशों के साथ बलात्कार करता था। उसने अपनी माँ को भी नहीं छोड़ा।

26

उस दरिन्दे ने किए 600 से अधिक क़त्ल

इन्सान जब जानवरों से बदतर हो जाता है तो दरिन्दा कहलाता है। ऐसा ही एक क़ातिल था जिसका नाम था हेनरी लूकास। लूकास के जीवन की घटनाओं और कुकर्म को पढ़कर किसी भी इन्सान के दिल में रहम नहीं आएगा। हालांकि वो जन्मजात दरिन्दा नहीं था। परिवार के झगड़ों-टंटों और बिगड़े माहौल ने उसे इन्सानियत से नीचे गिरा दिया था, उसे शैतान बना दिया था। यह ऐसा दरिन्दा था जिसने अपनी 74 साल की माँ की हत्या करने के बाद उसकी लाश के साथ बलात्कार किया था। यह एक ऐसा कातिल था जिसके बारे में पढ़कर हर किसी को यह लगेगा कि इसे ऐसी सजा दी जानी चाहिए थी कि शैतानियत भी दहल उठे। आख़िर में उसे सजा-ए-मौत मिली पर तब तक वह सैकड़ों औरतों का कत्ल कर चुका था। तो अब पढ़ते हैं हेनरी लूकास के बारे में।

हेनरी ली लूकास का जन्म 23 अगस्त 1936 को वर्जीनिया के एपलचियान के ब्लैक्सर्ग समुदाय में हुआ था। दो

कमरों के लकड़ी के मकान में उसके शराबी पिता मूनशाइन व्हिस्की बनाते थे और उसकी माँ वायला बच्चों से बहुत सख्ती से पेश आती थी और बेरहमी से काम कराती थी।

उसका पिता एन्डरसन नशे की हालत में एक मालगाड़ी से अपनी टाँगें कटा बैठा था। उसके बाद गली के नुक्कड़ पर वह कभी-कभार पेन्सिलें बेचता था और कुछ डॉलर जोड़ लेता था। उसकी माँ किसी भी तरह पैसा कमाने के फिराक में रहती थी फिर चाहे शरीर बेचकर ही कमाई क्यों न हो।

लूकास के आठ भाई-बहिन थे, जो रिश्तेदारों के पास भेज दिए गए थे। हेनरी को उसकी माँ ने अपने पास ही रखा था। वह बाप-बेटों को अक्सर मारा पीटा करती थी और अजनबियों के साथ अपनी यौन क्रीड़ा को देखने के लिए बाध्य करती थी। इसी तरह के एक अवसर पर एन्डरसन सर्दी की एक रात घर से बाहर निकल आया। उसे निमोनिया हो गया और वही उसकी मौत का कारण बन गया।

1943 में लूकास को स्कूल में दाखिल कराया गया। उसकी माँ उसे ड्रेस पहनाकर नंगे पाँव स्कूल भेजती। एक दिन लूकास जब अध्यापक द्वारा दिए गए जूते पहनकर घर लौटा तो उसकी माँ ने उसे बेरहमी से मारा पीटा।

किशोर अवस्था में लूकास अपने भाई और जानवरों से यौन क्रियाओं में लिप्त पाया गया। 17 साल की आयु में लूकास की बाईं आँख में दुर्घटनावश उसके छोटे भाई के हाथ से चाकू लग गया। कुछ दिन घर पर ही सड़ने के बाद कोई उसे डॉक्टर के पास ले गया जिसने उसकी आँख हटाकर प्रोस्थैटिक ग्लास फिट कर दिया।

जैसे-जैसे लूकास बड़ा होता गया, उसका जीवन कड़वाहटों से भरता गया। 1954 में रिकमण्ड के पास हुई चोरी की कुछ घटनाओं के मामले में उसे गिरफ्तार कर लिया गया। इस

अपराध में उसे छः साल के लिये वर्जीनिया जेल भेज दिया गया। परन्तु 14 सितम्बर 1957 को वह जेल से भाग निकला। तीन महीने बाद उसे फिर गिरफ्तार कर जेल में डाल दिया गया। उसने जेल से फिर निकल भागने की कोशिश की पर इस बार वह पकड़ा गया। दो बार जेल से भागने की कोशिशों के बावजूद लूकास को सजा की अवधि पूरी होने से एक साल पहले 2 सितम्बर 1959 को रिहा कर दिया गया। रिहा होकर लूकास मिशीगन में अपनी बहन के घर जाकर रहने लगा। माँ उसे अपने पास रखना चाहती थी किन्तु उसने इन्कार कर दिया। दनदनाती हुई माँ वायला वर्जीनिया से बेटी के घर मिशीगन पहुँच गई जहाँ लूकास रह रहा था। माँ-बेटे के बीच खूब जूतम-पैजार हुई।

11 जनवरी 1960 की रात को लूकास अपनी माँ के साथ स्थानीय बार में शराब पीने गया। नशे में उन दोनों के बीच खूब तनातनी हुई।

ये बात लूकास को बीस साल बाद भी अच्छी तरह याद थी। वायला ने गुस्से में आकर झाड़ू उठा ली और लूकास की पिटाई कर डाली। तब लूकास ने चाकू उठाकर दे मारा। 74 साल की वायला वहीं मर गई। अगले दिन उसकी खून से लथपथ लाश कमरे के फर्श पर पड़ी मिली।

लूकास वहाँ से फरार हो गया। पाँच दिन बाद उसे ओहायो के टोलेडो में पकड़ लिया गया। पकड़े जाने पर लूकास ने अपनी माँ की हत्या और उसकी लाश से बलात्कार की बात स्वीकार कर ली। पुलिस ने उसकी जेब से वह छोटा चाकू भी बरामद कर लिया जिसके घाव लाश की गर्दन पर पाये गये थे।

मिशीगन के निकटवर्ती एड्रियान शहर में मार्च 1960 में जज रेक्स मार्टिन की अध्यक्षता में इस केस की सुनवाई शुरू हुई। माँ की हत्या की बात वह पहले ही स्वीकार कर चुका था। बचाव पक्ष के एटार्नी केरोल डस्ट ने बहुत कोशिश की कि जजों

की सहानुभूति जगा पाये। इसके लिए उसने पालन-पोषण की स्थिति व घटनाक्रमों को विस्तार से बयान करते हुए कहा कि माँ की हत्या उससे अचानक हो गई। इसके पीछे उसका कोई मोटिव नहीं था।

अपनी माँ को एक बहुत सख्त औरत के रूप में बयान करते हुए लूकास ने जब अपने बदन पर पड़े मार के निशान जूरी को दिखाए तो उन्हें उससे सहानुभूति तो हो गई पर वे ये मानने को तैयार नहीं थे कि माँ की हत्या वह दुर्घटनावश कर बैठा था। उन्होंने उसे सेकेण्ड डिग्री का कत्ल करार देते हुए सजा सुना दी।

दक्षिणी मिशीगन के जैक्सन स्टेट पेनिटेंशरी में लूकास को रखा गया जहाँ उसने दो बार आत्महत्या की कोशिश की। इसके बाद उसे मानसिक चिकित्सालय भेज दिया गया। 10 साल की सजा काटने के बाद उसे 1970 में रिहा कर दिया गया। पर रिहाई के कुछ दिनों बाद ही उसे फिर गिरफ्तार कर लिया गया। इस बार उस पर दो किशोर नवयुवतियों के अपहरण का आरोप लगाया गया था। उसे फिर जेल हो गई और 39 साल की उम्र होने तक वह वहीं रहा। 1975 में अपनी रिहाई के बाद वह शांत हो गया।

इसके बाद लूकास शहर दर शहर भागता फिरा। कानून से बचकर वह जिन्दा रहना चाहता था। पर उसकी ये इच्छा पूरी नहीं हो पाई। जैक्सनविला में लूकास की मुलाकात होटल में खाना खाते समय ओटिस टूल से हुई जो उठाइगिरी और सेंधमारी करता था। वे जल्दी ही दोस्त बन गये। ओटिस उसे अपने घर ले आया। वहाँ उसकी माँ और ओटिस की जवान भतीजी पावेल भी रहती थीं। लूकास और किशोरी पावेल भी जल्द ही एक दूसरे के नजदीक आ गये।

मानसिक रूप से संवेदनशील, दया और मित्रता की भूखी पावेल को लूकास से ये सब मिल गया और उसकी नज़र

में वह काफी महत्वपूर्ण हो गया। इस अहसास से लूकास की भी कीमत अपनी नजर में काफी बढ़ गई।

1981 में ओटिस की माँ की मृत्यु हो गई और उन तीनों को वह घर भी छोड़ना पड़ा। बेबी पावेल को साथ ले लूकास और ओटिस एक राज्य से दूसरे राज्य में चक्कर लगाते रहे। अन्त में लूकास और ओटिस जब अलग हुए तो लूकास पावेल को साथ लेकर पश्चिम की ओर आ गया।

मई 1982 में रिंगगोल्ड, टेक्सास में वे दोनों अस्सी साल की केटरिक के साथ रहने लगे पर उसके परिवार को सन्देह हो गया और उन्होंने उन्हें लताड़ दिया। वे फिर सड़क पर थे। तभी उनकी मुलाकात रूबेन मूर से हो गई जो एक अंशकालिक मिनिस्टर भी था। वह उन्हें स्टोनबर्ग स्थित हाउस ऑफ प्रेयर में ले आया और चिकन रेंज में ही रहने की जगह भी दे दी। वे दोनों पति-पत्नी की तरह रहने लगे हालाँकि लूकास 45 साल का हो चुका था और पावेल अभी किशोरी ही थी।

यह लूकास के जीवन का स्वर्णिम युग था। उसने वहाँ एक घर भी बना लिया और मूर के ही क्रू में काम करने लगा। उसने घर के लिए अच्छा फर्नीचर भी ले लिया और एक कार भी खरीद ली।

पर पावेल को घर की याद सता रही थी और उसने उसे फ्लोरिडा जाने के लिए कहा। आखिर 23 अगस्त 1982 को मूर उन्हें एक ट्रक में बिठाकर फ्लोरिडा के लिए रवाना कर आया। पर अगली ही शाम आँखों में आँसू लिए लूकास लौट आया। मूर से उसने कहा कि पावेल पास से गुजरते एक ट्रक में कूद गई और उसे छोड़ कर चली गई। लूकास वहीं रहकर फिर रेंच पर काम करने लगा। पावेल के बारे में इसके बाद किसी ने नहीं सुना।

एक महीने बाद केटरिक (जिसने लूकास, ओटिस और पावेल को अपने घर से भगा दिया था) लापता पाई गयी। मोंटेगू काउंटी शेरिफ के कार्यालय द्वारा जाँच शुरू करने पर वह लूकास तक पहुँची। पर उसने कोई भी हाथ होने से इन्कार किया। जून 1983 में लूकास को हथियार रखने के आरोप में गिरफ्तार किया गया। पाँच दिन तक सिगरेट और कॉफी के लिए तरस जाने पर वह कुछ भी कबूलने को तैयार हो गया। जेल के अपने सैल से उसने एक नोट लिखा : 'टू हूम इट मे कन्सर्न' – 'मैं हेनरी ली स्पष्ट करना चाहता हूँ कि पिछले साल सितम्बर में मैंने केटरिक की हत्या की थी। मैंने सहायता पाने की बहुत कोशिश की पर कोई मेरी मदद नहीं करता। मैं पिछले दस सालों से हत्या कर रहा हूँ और कोई इस पर यकीन नहीं करेगा।'

अपने बयान में लूकास ने कहा कि वह केटरिक के साथ चर्च की ओर जाने के लिए आया था पर बाद में उसकी इच्छा उसकी हत्या कर लाश के साथ बलात्कार करने की हुई। तब वह उसे एक ऑयल फील्ड की ओर ले गया और चाकू घोंप कर उसकी हत्या कर डाली। खींच कर वह उसे किनारे लाया और फिर लाश के साथ बलात्कार किया। इसके बाद लाश एक गड्ढे में ठूँसने के बाद वह वहाँ से चला आया। पर बाद में जाकर वह लाश को हाउस आफ प्रेयर के यार्ड में ले आया और सबूत मिटाने के लिए लकड़ी जलाने वाले चूल्हे में दो दिन तक लाश को जलाने में लगा रहा। अपना बयान खत्म करने के बाद लूकास ने जाँचकर्ताओं से कहा कि उसकी छाती पर एक बोझ और है जिसे वह हल्का करना चाहता है कि उसने पावेल की हत्या भी की थी।

जाँच करने पर हाउस ऑफ प्रेयर के यार्ड में लकड़ी के चूल्हे में मानव अस्थियाँ और राख बरामद कर ली गई। केटरिक की बेटियों ने यार्ड में मिले अपनी माँ के चश्मे की पहचान कर ली। हत्या स्थल की स्थिति भी लूकास के बयान की पुष्टि कर

रही थी और कुछ लोगों ने लूकास को केटरिक के साथ वारदात वाले दिन देखा भी था। उस पर फर्स्ट डिग्री मर्डर का आरोप लगाया गया।

इसके साथ उसने पावेल की हत्या की भी विस्तृत जानकारी दी। उसने कहा कि पावेल जैक्सनविले जाना चाहती थी पर वहाँ लूकास की गिरफ्तारी का वारंट जारी था। इसलिए वह जाने को तैयार नहीं था। डेन्टन पहुँचने से पहले उन्होंने सड़क से हटकर एक खाली जगह में सोने का निश्चय किया। उसी रात को पावेल का काम तमाम हो गया।

लूकास ने बयान दिया कि सड़क से दूर हम एक छोटे से पेड़ के पास पहुँचे- बहस चल रही थी। हम एक-दूसरे पर गर्म हो रहे थे। अचानक पावेल के सिर पर कुछ दे मारा, बस फिर क्या था। पावेल ने अपनी जेब से चाकू निकाल कर उसकी छाती में घुसेड़ दिया। वह वहीं बैठ गई। लूकास ने उसे धर दबोचा और उसके शरीर के छोटे-छोटे टुकड़े काटे और तीन तकिये के गिलाफों में उसे ठूँस दिया। उसकी टाँगें उसने वहीं छोड़ दीं और चला गया। लूकास की निशानदेही पर लाश के अवशेष घटनास्थल से बरामद कर लिए गए। लूकास पर एक बार फिर हत्या का आरोप लगाया गया।

जून 1983 में केटरिक मामले की सुनवाई के दौरान जज ने लूकास से पूछा कि क्या वह अपने ऊपर लगे आरोपों को समझता है। उसने जवाब दिया कि वह समझता है और खुद उसी ने अपराध स्वीकार किया है। उसने जज को बयान दिया कि इसके अलावा भी उसने सैकड़ों हत्याएँ की हैं।

मीडिया में यह खबर जंगल में आग की तरह फैली। मोटेट्रू काउन्टी की सड़कें मीडिया के लोगों की भीड़ से भर गईं। पूरे देश के शेरिफों को पुलिस ने वहां बुलाया यह सोचकर कि उनके क्षेत्र में हुई हत्याओं की कुंजी भी लूकास ही था।

पावेल की हत्या का मुकदमा भी लूकास पर चलाया गया। बचाव पक्ष ने वही तर्क दिया कि हत्या निरुद्देश्य की गई और वह कुछ सोच पाता इससे पहले ही चाकू से वार कर बैठा। जूरी के सामने सुबकते हुए लूकास ने कहा कि वह पावेल से प्यार करता था और उस की हत्या करने की उसकी कोई इच्छा नहीं थी। पर बचाव पक्ष को लूकास के वीडियोग्राफी किए गए बयान से भी निपटना था जिसमें उसने बयान दिया था : "मैंने उससे सम्भोग किया। मैं सोचता हूँ कि लाश के साथ सम्भोग करना मेरे जीवन का एक अंग है।"

ये सब सुनने के बाद उसको सख्त से सख्त सजा सुनाने में जूरी को देर नहीं लगी। उसे 75 साल की उम्र कैद हुई थी। अर्थात् शेष पूरा जीवन उसे जेल में गुजारना होगा। फैसला सुनने के बाद लूकास ने उठकर प्रॉसीक्यूटर से हाथ मिलाया और मुस्करा कर बोला- "यू डिड ए गुड जॉब।"

इस मुकदमे और सजा के बाद लूकास ने पूरे देश में की गई अन्य हत्याओं की भी स्वीकारोक्ति करनी आरम्भ की। मूल रूप से 19 राज्यों की 77 महिलाओं की हत्याओं की विस्तृत जानकारी देते हुए कुछ के रेखाचित्र भी उनके नामों के सामने बना दिये। जैसे-जैसे वह और हत्याओं की स्वीकारोक्ति करता जा रहा था, उसके द्वारा दी गई विस्तृत जानकारी भयानक होती जा रही थी।

पूरे देश के कानूनविदों द्वारा लूकास के सेलिवा (लार), उंगलियों के निशान तथा बालों की माँग की जा रही थी। एक जाँचकर्ता का कहना है कि लोगों को भेजने के लिए उनके पास लूकास के गुप्तांगों के बालों की भी कमी पड़ गई।

लूकास ने बताया कि अधिकतर महिलाओं को उसने लिफ्ट और ड्रिंक-डिनर के जाल में फँसाया था। जिस किसी को भी मैं लिफ्ट देता, उसकी हत्या कर डालता। मेरे साथ हमेशा यही होता रहा। उसने कहा कि ओटिस (ट्रूल) भी उसके इन

कामों में खूब सहयोग देता रहा। तलाश करने पर पुलिस को ओटिस भी मिल गया- फ्लोरिडा की जेल में लूटमार के लिए वह सजा काट रहा था। उसने लूकास के बयान की पुष्टि करते हुए बताया कि जब वह औरत का लिबास पहन लेता था तो उसके और लूकास की कार में लिफ्ट लेने को बहुत सी औरतें तैयार हो जाया करती थीं। लूकास इनकी हत्या खुद करता- कुछ के सिर और छाती में चोट मार कर और कुछ की गला दबाकर। जाँचकर्ताओं द्वारा जाँच जारी रखे जाने पर खुद लूकास के ही अनुमान के मुताबिक उसके द्वारा की गई हत्याओं की संख्या 600 से भी ऊपर निकल गई। 1983 के अन्त में 19 राज्यों के जाँचकर्ता लूकास और ओटिस के बारे में सूचनाओं के आदान-प्रदान के लिए जुजिआना में एकत्र हुए। कुल मिलाकर वे केवल 81 हत्याओं का सम्बन्ध ही इन दोनों हत्यारों से जोड़ पाए। बाकी के केस फाइल कर दिए गए।

एक अज्ञात महिला की लाश जो केवल लाल-संतरी मोजे पहने थी, एक गड्ढे में पाई गई थी। 'ऑरेंज सॉक्स' नाम दिए गए इस हत्या काण्ड की भी स्वीकारोक्ति लूकास ने की। लूकास पर यह एक बड़ा आरोप था जिसकी जाँच के लिए नवम्बर 1983 में सेन्ट्रल टेक्सास के विलियम सन काउन्टी का शेरिफ जिम बाउटवेल लूकास को अपनी जेल में सुनवाई के लिए लाया। लूकास से अपने काउन्टी में बहुत सारी हत्याओं के सिलसिले में पूछताछ करने के लिए बाउटवेल बहुत बेचैन था।

यहाँ लूकास द्वारा देश भर में की गई हत्याओं की जाँच से सम्बन्धित सूचनाओं के आदान-प्रदान के लिए एक टास्क फोर्स का गठन किया गया। सभी सूचनाओं का केन्द्र लूकास ही था। वह अपने आपको बहुत महत्वपूर्ण मानने लगा था। और क्यों नहीं। टास्क फोर्स की दिनचर्याओं का आधार केन्द्र वही तो था।

जाँचकर्ताओं व पत्रकारों के समूह को देशभर में

आपराधिक घटना स्थलों की पहचान के लिए घुमाने के चक्कर में वह खूब सैर करता रहा। वहाँ कोई वस्तु तो अब मौजूद नहीं रही थी पर हत्या स्थलों की पहचान के लिए उसके पास व्यापक जानकारी होती। वह एक क्रिमिनल सेलिब्रिटी बन चुका था।

2 अप्रैल 1984 को लूकास पर हत्या का चौथा मुकदमा चला। ये 'ऑरेंज सॉक्स' मर्डर केस था जो 1979 में हुआ था।

लूकास को इसके गम्भीर परिणाम भुगतने पड़ सकते थे- उसे फाँसी की सजा भी हो सकती थी। मौजूदा साक्ष्य या सबूत कोई नहीं था, पर अन्य मामलों की तरह इस मामले में भी लूकास कन्फेस कर चुका था।

सुनवाई के बीच एक मुकाम पर आकर वह मुकरा भी, पर बाद में उसने मृत्युदण्ड दिए जाने की इच्छा जताई। पर इस सबसे अलग बचाव पक्ष के वकील लचर दलीलें पेश करते रहे।

लूकास के वकील डॉन हिगिनबॉथम ने दावा किया कि जिस समय यह हत्या हुई, लूकास जैक्सनविले के नेवल एयर स्टेशन की छत पर काम कर रहा था।

पर प्रॉसीक्यूटरों ने प्रतिवाद करते हुए लूकास का वीडियोग्राफी कन्फेशन पेश कर दिया जिसमें उसने कबूल किया था कि फोरमैन को रिश्वत देकर वह अक्सर गोल हो जाया करता था।

आखिर जूरी ने लूकास को 'ऑरेंज सॉक्स' हत्याकाण्ड में अपराधी करार देकर मृत्युदण्ड की सजा सुना दी।

14 अप्रैल 1985 को डलास टाइम्स हैराल्ड ने मुखपृष्ठ की न्यूज़ में प्रकाशित किया कि लूकास के कन्फेशन सफेद झूठ थे।

❑❑❑

पैंतालीस साल के थिएटर डायरेक्टर पीटर वाकर ने कोलिन को जान-पहचान बढ़ाने के लिए अपने फ्लैट में आमंत्रित किया था। पर उसे क्या पता था कि वह अपने साथ एक छुरा और दस्ताने भी लाया था।

27

समलैंगिक हत्यारा

कोलिन आयरलैंड के जन्म (16 मार्च 1954) के समय उसकी माँ केवल सत्रह साल की थी और उसका पिता उसे छोड़कर गायब हो गया था। उसका लालन-पालन उसकी माँ ने स्वयं ही किया था।

कोलिन ने एक लेख में कहीं पढ़ लिया था कि सीरियल किलर बनने के लिए पाँच हत्याएँ करना जरूरी है। इसलिए उसने पाँच समलैंगिकों को चुना जो यौन आनन्द के लिए खुद को बन्धन में जकड़े जाने को तैयार थे। उसका ख्याल था कि समलैंगिकों के प्रति लोगों की सहानुभूति भी कम होती हैं।

यार्कशायर के वेकफील्ड कारागार में कोलिन ने जेल में एक बालक के हत्यारे की हत्या कर दी। दो सप्ताह बाद उसे कैम्ब्रिजशायर के व्हाइटमूर कारागार में भेज दिया गया।

मीडिया में उसकी हत्याओं की चर्चा से कोलिन भी अमरीका के अन्य सीरियल हत्यारों की तरह प्रसिद्ध होना चाहता था।

कोलिन ने पहली हत्या 9 मार्च 1993 को की। पैंतालीस साल के थिएटर डायरेक्टर पीटर वाकर ने कोलिन को जान पहचान बढ़ाने के लिये अपने फ्लैट में आमंत्रित किया था। पर उसे क्या पता था कि वह अपने साथ एक छुरा और दस्ताने का एक जोड़ा भी लाया था। फ्लैट में दाखिल होने के बाद कोलिन ने वाकर को बिस्तर पर नंगा लेट जाने के लिए कहा ताकि वह उसे बाँध कर उस पर कोड़े बरसा सके। इसके बाद कोलिन ने जब एक प्लास्टिक बैग उसके मुँह पर रखकर उसका दम घोंट दिया तो वह केवल छटपटा कर रह गया था। दो दिनों तक समाचार पत्रों में इस हत्या का कोई जिक्र न पाकर कोलिन ने पुलिस को मृतक तक पहुँचाने का निश्चय किया। उसने एक स्थानीय अखबार को फोन कर मृतक के फ्लैट में फंसे कुत्तों को निकालने के लिए मदद मांगी।

पहली हत्या इतनी आसानी से कर पाने के बाद कोलिन ने दूसरा शिकार चुना। 29 मई 1993 को 37 साल के क्रिस डन के फ्लैट में उसी भाँति प्रवेश करने के बाद उसने क्रिस को भी उसी तरह नंगा लेट जाने को कहा और उसके हाथों में हथकड़ियाँ पहना दीं। उसके गुप्तांग पर उसने सिगरेट लाइटर जला कर उसे प्रताड़ित किया। इस प्रकार आनन्द का अनुभव करते-करते अचानक कोलिन ने उसकी हत्या कर दी।

उसका अगला शिकार 4 जून 1993 को कोलहर्न पब में मिला। पेरी ब्रेडले के फ्लैट में दोनों एक साथ सोए पर उठा केवल कोलिन। पेरी की उसने हत्या कर डाली।

कुछ दिन बाद 8 जून 1993 को ही उसे अपना चौथा शिकार मिल गया। 33 साल का एन्ड्रयूज कोलियर भी उसे एक पब में ही मिला था। दोनों साथ-साथ उसके फ्लैट पर पहुँचे। वहां जाकर उसे पता चला कि कोलियर एड्स (एचआईवी पॉजिटिव) से ग्रसित था। उसे बहुत गुस्सा आया कि कोलियर ने उसे खुद नहीं बताया कि वह एचआईवी पॉजीटिव है। बिस्तर पर

लिटाकर उसने कोलियर को बांधा और अपनी बैल्ट से उस पर प्रहार किये। इसके बाद उसने उसी प्रकार उसकी हत्या कर दी। जाने से पहले कोलिन ने कोलियर की बिल्ली की भी गर्दन मरोड़ दी।

पर जैसा कि कोलिन आयरलैंड को उम्मीद थी, वैसा नहीं हो रहा था। उसे आशा थी कि समाचार पत्रों के मुख्य पृष्ठों पर इन हत्याओं की खबर छपेगी, पर ऐसा नहीं हुआ। उसने अज्ञात नामों से फोन पर पुलिस को सुराग देने शुरू किए कि हत्याओं का आपस में गहरा सम्बन्ध था। वाकर के कुत्तों को निकालने के लिए कहने के कारण उसे वन्य-प्रेमी के रूप में वर्णित किया गया। तब उसने बताया कि उसने हाल ही में एक बिल्ली की भी हत्या की है। पुलिस को जब कोलियर और उसकी बिल्ली की लाशें मिलीं तो उन्हें पता चला कि वह एक ऐसे सीरियल किलर का पीछा कर रहे हैं जो समलैंगिकों को अपना निशाना बना रहा था।

इसके एक सप्ताह बाद ही कोलिन ने 13 जून को इमानुअल स्पिटेरी के साथ उसके फ्लैट में जाकर उसकी हत्या बिस्तर पर नंगा लिटाने के बाद उसी प्रकार कष्ट पहुंचा कर की जैसा कि इससे पहले किया था।

पर इस बार कोलिन भाग पाने में सफल नहीं हो पाया। एक वीडियो सर्विलान्स कैमरे ने उन दोनों को चारिंग क्रास स्टेशन पर एक साथ रिकार्ड कर लिया था। यह सोचकर कि वह पकड़ा जा सकता है, कोलिन पुलिस के पास पहुंचा और बताया कि फ्लैट पर जाने से पहले उन्हें एक आदमी और मिला था। पर उसकी आवाज उन्होंने पहचान ली। ये वही आवाज थी जो फोन पर उन्हें चेतावनी दिया करती थी। उसकी उंगलियों के निशान भी घटना स्थल पर मिल गए।

उस पर व्यक्ति की हत्या का आरोप लगा और शीघ्र ही उसने पहले की चार हत्याओं की भी स्वीकारोक्ति कर ली।

दिसम्बर 1993 में उसे इन हत्याओं के लिये पांच आजीवन कारावासों की सज़ा सुनाई गई और कहा गया कि उसे कभी भी रिहा नहीं किया जाएगा।

जेल में उसके द्वारा की गई हत्या के लिए उस पर कोई मुकदमा नहीं चलाया गया। केवल वहां से उसे कैम्ब्रिजशायर की व्हाइटव्यूर कारागार भेज दिया गया।

❐❐❐

अपनी भावी पत्नी से इवान की मुलाकात 1970 के दशक के अन्त में हुई। विवाह के बाद उन्होंने माउण्ट ड्रूट के एक कस्बे में एक मकान खरीद लिया। अस्सी के दशक के पूर्वार्द्ध में उनका तलाक हो गया। हालाँकि किसी न किसी लड़की से उसकी दोस्ती हमेशा रही।

28

ऑस्ट्रेलियाई इतिहास का सबसे भयानक सीरियल किलर

19 सितम्बर 1992 की बात है। बिलैंग्लो के जंगल की झाड़ियों से गुजरते हुए एक आदमी की नज़र गड्ढे में पड़ी एक युवती की लाश पर पड़ी। देखने से ही पता चल रहा था कि इस पर कई बार चाकू से वार किए गए हैं। पुलिस ने उस युवती की पहचान इंग्लैण्ड की जोन लेसली वाल्टर के रूप में की जो ह्यूम हाईवे पर अपनी सहेली कैरोलिन क्लार्क के साथ बैकपैकिंग करते वक्त गुम हो गई थी। और कैरोलिन का क्या हुआ हुआ? इसके लिए पुलिस को ज्यादा इन्तजार नहीं करना पड़ा। अगले ही दिन उसकी भी लाश थोड़ी ही दूर पर पाई गई। उसके सिर में दस गोलियां मारी गई थीं। इन दो लाशों के मिलने से किसी क्रूर हत्याकाण्ड का आभास हो रहा था।

इसके तेरह महीने बाद पुलिस को डेबोरा एवरिस्ट और जेम्स गिब्सन की लाशें इसी स्थिति में मिलीं। इन दोनों लाशों पर चाकू के निशान थे। डेबोरा का जबड़ा और जेम्स की हड्डियाँ

बुरी तरह टूट गई थीं। इसके बाद तो जैसे लाशों का सिलसिला जारी हो गया। एक-एक करके साइमन स्मिट, गैबर न्यूगबार और अन्जा हैब्शिड के कंकाल भी उसी स्थिति में गड्ढों में पडे पाए गए। साइमन की पीठ पर छुरे के कई वार और गैबर का शरीर गोलियों से बींध दिया गया था। सबसे भयावह स्थिति में अन्जा की लाश थी। एक ही वार में उसका सिर धड़ से अलग किया गया लगता था और उसकी नसों का कचूमर निकाल दिया गया था। इन हत्याओं से इतना हो-हल्ला मचा कि पुलिस के पास हत्यारे को ढूँढ निकालने के अलावा कोई चारा न रहा।

छः महीने की कड़ी मेहनत के बाद पुलिस के हाथ आखिर सुराग लग ही गया। 22 मई 1994 को ईगलवेव स्थित एक मकान से इवान मिलट को सशस्त्र डकैती व अवैध हथियार रखने के आरोप में गिरफ्तार कर लिया गया। यही व्यक्ति ऑस्ट्रेलियाई इतिहास का सबसे भयानक सीरियल किलर माना गया।

क्रोएशियन पिता स्टीफेन और ऑस्ट्रेलियाई माँ मागरिट के चौदह सदस्यीय परिवार में इवान मिलट का जन्म 27 दिसम्बर 1954 को गिल्डफोर्ड के एक तीन कमरों के मकान में हुआ था। इस परिवार के दस लड़कों में से अधिकतर लिवरपूल के दक्षिण पश्चिमी क्षेत्र के पैट्रिशियन ब्रदर्स हाई स्कूल में पढ़ने जाते थे। इवान भी इन्हीं में से एक था। छोटे भाई-बहन गिल्डफोर्ड के ही एक स्थानीय स्कूल में पढ़ते थे।

सप्ताह के सातों दिन काम करने के बाद भी स्टीफेन के लिए इतने बड़े परिवार को चलाना कठिन था। लड़कों के सामने बाहर जाकर कुछ काम धन्धा करने या घर से निकल कर अपना भरण-पोषण खुद करने के अलावा कोई चारा नहीं था। इसलिए 15 साल की उम्र में ही स्कूल छोड़ कर इवान काम में लग गया। सड़क व मकान बनाने के काम में खुदाई तथा अन्य सहायता आदि के काम उसे सिडनी में मिल जाते थे।

अपने पिता से इवान की अच्छी पटती थी। वह अपने छोटे भाई डेविड जो एक कार दुर्घटना में अपनी एक बाँह खो बैठा था, का भी बहुत ख्याल रखता। कुछ भाईयों के साथ वह शूटिंग का भी आनन्द उठाता और छोटी ही उम्र में आग्नेय-शस्त्रों (फायर आर्म्स) के बारे में उसे काफी जानकारी हो गई। ऐसे कितने ही लोगों की उन्हें जानकारी थी जो बन्दूक रखते थे। इवान के जीवन में यह एक सामान्य बात थी।

सेन्ट्रल एसुल्ट, ग्रानविल में इवान को डीएमआर में काम मिल गया और अपने भाई वैली को भी उसने वहीं काम पर लगवा दिया। इवान के काम से उसके मालिक इतने खुश हुए कि कुछ दिनों बाद उसे एक प्रमुख पद दे दिया गया। निर्माण की इस कम्पनी में उसने 15 साल काम किया जब तक कि सभी कर्मचारियों को निकाल नहीं दिया गया। अनुभव के आधार पर इवान शीघ्र ही 'रैडीमिक्स' में काम पर लग गया। गिरफ्तार होने तक वह वहीं काम कर रहा था।

अपनी भावी पत्नी से इवान की मुलाकात 1970 के दशक के अन्त में हुई। विवाह के बाद उन्होंने माउण्ट ड्रूट के एक कस्बे में एक मकान खरीद लिया। अस्सी के दशक के पूर्वार्द्ध में उनका तलाक हो गया। हालाँकि किसी न किसी लड़की से उसकी दोस्ती हमेशा रही, पर कुछ साल पहले मिली एक महिला से उसकी दोस्ती बहुत गहरी होती चली गई। तलाक के बाद पहली बार ऐसा हुआ था।

पड़ोसियों की निगाहों में इवान की छवि काफी साफ-सुथरी थी। सिन्त्राबाद स्ट्रीट के बच्चों के साथ उसकी खूब पटती और वह उन्हें अपनी मोबाइक पर सवारी करने देता। वह अपनी कार की हमेशा सफाई करता और लॉन को हरा भरा रखने में पूरा ध्यान देता।

इवान के पिता की मृत्यु तेरह साल पहले 86 साल की उम्र में कैंसर से हो गई। इसके बाद इवान ने अपनी माँ का

उतना ही ख्याल रखा जितना कोई बेटा अपनी माँ का ख्याल रख सकता है। कुछ महीने पहले ही उसने उसे एक नया रैफ्रीजरेटर लाकर दिया क्योंकि पहले वाला टूट गया था।

1971 में इवान को एक युवा बैकपैकर्स के बलात्कार के आरोप में धर लिया गया। जमानत पर छूटते ही वह न्यूजीलैण्ड फरार हो गया। 1974 में ऑस्ट्रेलिया वापिस लौटने पर उसे फिर गिरफ्तार कर लिया गया। उससे पहले 1968 में ऑस्ट्रेलिया वापिस लौटने पर उसे फिर गिरफ्तार कर लिया गया था। उससे पहले 1968 में भी उस पर आरोप लगा चुका था।

22 मई 1994 की सुबह उसे गिरफ्तार करने हेतु कैम्पबेल टाउन की पुलिस ने उसके मकान के चारों ओर घेरा डाल दिया और फोन पर उसे बाहर आने के लिए कहा। काफी समय तक पुलिस ने इन्तजार किया पर वह बाहर नहीं आया। उसके साथ उसकी गर्लफ्रैन्ड केलिन्डर ह्यूजिस भी थी। दूसरी बार फोन करने के सात-आठ मिनट बाद इवान अपनी गर्लफ्रैन्ड के साथ बाहर आया और लॉन में आते ही उसे गिरफ्तार कर लिया गया।

बन्दूकों व अन्य हथियारों की तलाश में उसके पूरे घर की तलाशी ली गई। उसे जब बताया गया कि बिलैंग्लो के जंगल में मिली सात लाशों के बारे में पूछताछ के लिए उसे गिरफ्तार किया जा रहा है तो वह अन्जान सा बनकर बोला-"मैं नहीं जानता आप किस बारे में बात कर रहे हैं।" बैलिस्टिक एक्सपर्ट गैराल्ड डटन एन्डी ग्रूज, सीनियर क्राइम इन्वेस्टिगेटर और दो अन्य टिटेक्टिव्ज़ के एक दल ने तलाशी के दौरान इवान के घर से हत्या से सम्बन्धित कई बन्दूकें, पिस्तौलें, चाकू-छुरे और यहाँ तक कि एक तलवार भी बरामद की। इवान के रिश्तेदारों के घर पर भी इसी समय छापे मारे गए जहाँ से बहुत से सबूत व हथियार हाथ लगे।

इवान के पास मिले हथियारों व अन्य सबूतों-दस्तावेजों को पहचानने से उसने साफ इन्कार कर किया। उसकी गर्लफ्रैन्ड कैलिन्डर ह्यूजिस का एक फोटो धारीदार बैनेप्न ब्राण्ड की टॉप में लटका मिला। यह वही पोशाक थी जो कैरोलिन क्लार्क द्वारा पहनी पोशाक से मेल खा रही थी।

घर के साथ ही लगे गैराज की भी तलाशी ली गई जहाँ से नॉयलॉन का एक स्लीपिंग बैग भी बरामद किया गया। इसमें लपेटा हुआ एक टेन्ट भी मिला। इस टेन्ट को जिस हेडबैन्ड से बाँधा गया था, वह साइमन स्मिट के कंकाल के पास मिले फीते से मेल खा रहा था। इवान से जब इस बारे में पूछा गया तो उसने कह दिया कि वह उसे पहली बार देख रहा है। गिरफ्तारी के बाद इवान को कैम्पबैलटाउन पुलिस स्टेशन ले जाया गया जहाँ उससे पूछताछ शुरू हुई। इस पूरे इन्टरव्यू को वीडियो और ऑडियो दोनों पर रिकार्ड किया गया। इन्टरव्यू के दौरान इवान अक्खड़ बना रहा और सवालों को टालता और उनसे बचता रहा।

उधर उसके मकान के अन्दरूनी हिस्सों की तलाशी में पुलिस ने इलैक्ट्रिकल टेप, केबल टाईज और नीले रंग की वैसी ही रस्सियाँ बरामद कीं जैसी हत्या स्थलों पर मिली थीं। किचन पैन्ट्री में कैम्पिंग और कुकिंग से सम्बन्धित सामान मिला जो कि साइमन स्मिट का था। पुलिस को विश्वास था कि हत्याओं का सम्बन्ध इवान से जोड़ने लायक कुछ सामान ही उन्हें मिल पाएगा, पर जब मृतकों का सामान भी उनके हाथ लगा तो वह आश्चर्य में पड़ गए। इवान के घर में मिले आइटमों की सूची लम्बी होती जा रही थी। एक कैमरा जो कैरोलिन क्लार्क का था, वाशिंग मशीन में छिपाई गई भरी हुई ब्राउनिंग आटोमेटिक पिस्तौल, राइफलें, शॉटगनें, लॅम्बे चाकू-छुरे और अविश्वसनीय मात्रा में गोला-बारूद।

इवान की माँ मागरिट की अल्मारी की तलाशी में सबसे ज्यादा स्तब्ध करने वाली चीजें बरामद हुई। बैलिस्टिक एक्सपर्ट गैराल्ड डटन इस केस पर तभी से काम कर रहे थे जब पहली बार जंगल से गोलियां बरामद हुई थीं। फायर आर्म्स, गोला-बारूद और अन्य आइटमों की वह घण्टों जाँच करते रहे। इसका अपेक्षित परिणाम निकला। जंगल से मिली गोलियां इवान के घर से बरामद की गई रूज़र 22 राइफल से मिलान सिद्ध हो गया।

इवान राबर्ट मार्को मिलट पर सात बैकपैकर्स के कत्ल का मुकदमा चलाया गया। जमानत की सुनवाई के दौरान इवान के वकील ने जब उसे अपने आपको दोषी मान लेने की सलाह दी तो उसने वकील को हटा दिया। यह वही वकील था जिसने 1971 में उसे बलात्कार के केस में रिहा कराया था। मुकदमा जून 1995 में चलाया जाना था पर इवान के वकीलों और लीगल एड के बीच विवाद के कारण एक साल बाद शुरू किया गया।

कोर्टरूम में ऑस्ट्रेलिया की क्राइम हिस्टरी के सबसे बड़े हत्याकाण्ड के पहले दिन इवान आराम से बैठा रहा। क्राउन प्रॉसीक्यूटर मार्क टेडेस्की ने सात हत्याओं के आरोप का ब्यौरा देते हुए कहा कि इवान को सात हत्याओं का अपराधी करार दिया जाना चाहिए। पहली गवाह पॉल ऑनियन्स ने इवान की पहचान करते हुए कहा कि उसी ने उस पर 'अटैक' किया था। डिफेन्स बैक काउंसल टेरी मार्टिन को उससे जिरह के लिए बुलाया गया पर उन्होंने कुछ भी पूछने से मना कर दिया।

इसके बाद एक-एक कर सभी हत्या की गई महिलाओं के माता-पिता ने रोते-बिलखते बताया कि उन्होंने अपनी प्रिय सन्तानों को आखिरी बार कब देखा था और किस प्रकार उसके दो या तीन साल बाद उनके कंकाल जंगल से बरामद किए गए।

उनके पास पड़े कपड़ों व अन्य वस्तुओं से ही उन्होंने लाशें पहचानी थीं।

प्रॉसीक्यूशन ने उसके अलावा 365 वस्तुएँ और सैकड़ों फोटोग्राफ भी प्रस्तुत किए और प्रत्येक का विस्तार से वर्णन करते हुए हत्या से उनका सम्बन्ध स्थापित किया। विश्वभर के समाचारपत्रों के संवाददाता इस केस की रिपोर्टिंग के लिए वहाँ रोज आते रहे। दो सप्ताह की लगातार सुनवाई और गवाहों तथा वकीलों की जिरह के बाद डिफेन्स काउंसल जूरी को इस बात पर राजी करने पर आमादा थे कि इन सब हत्याओं में इवान का नहीं बल्कि उसके दो भाइयों रिचर्ड और वाल्टर का हाथ था। प्रॉसीक्यूशन ने कुल मिलाकर 145 लोगों की गवाही दी थी।

डिफेन्स काउंसल ने अपना पहला गवाह खुद इवान मिलट को ही बनाया जिसने सभी आरोपों से साफ इन्कार किया। पर क्रॉस-एग्ज़ामिनेशन में वह टूट गया। जब उससे पूछा गया कि मृतकों का सामान उसके यहाँ कैसे पहुँच गया तो उसने जवाब दिया कि कोई उसे फँसाने के लिए ऐसा कर रहा है।

पन्द्रह सप्ताह की सुनवाई के बाद रेडेस्की ने कहा कि इवान मिलट की धूर्तता का यह सबसे बड़ा परिचायक है कि वह सात जघन्य हत्याओं और ओनियन्ज पर किए गए हमले के आरोप से बच सकता है। तीन दिन तक लगातार वह इवान मिलट को अपराधी साबित करने के पक्ष में तर्क प्रस्तुत करता रहा।

24 जुलाई 2.42 बजे जस्टिस हन्ट ने जूरी का फैसला सुनाते हुए इवान को दोषी करार दिया और आजन्म कारावास की सज़ा दी।

❑❑❑

एक किशोर के उन हत्याओं में हाथ होने की संभावना बिल्कुल नहीं थी और क्रेग तो वैसे भी अच्छे स्वभाव का लड़का था। पर ये तो सही था कि उसका हाथ घायल था और वह रहता भी पड़ोस में ही था। ये सब संयोग नज़रअन्दाज़ करना मुश्किल सा लगा।

29

क़ातिल को सज़ा दिलाने के लिए हुआ जनमत संग्रह

4 सितम्बर 1989 को अपनी बेटी जोन हीटन (39) और दोनों नातिनों जेनिफर (10) और मेलिसा (8) का हालचाल जानने की गरज से मेरी वारिकव बटनवुड्स क्षेत्र में मेट्रोपोलिटन ड्राइव स्थित उसके घर पहुँची। मेरी की दूसरी बेटी मेरी लाऊ भी उसके साथ थी।

कई बार काल बेल बजाने पर भी जब किसी ने दरवाजा नहीं खोला तो उन्हें बड़ा अटपटा सा लगा। जोन की कार वहीं खड़ी थी और उसे यहीं होना चाहिए। तब उन्होंने खिड़की से घर में घुसने का निश्चय किया।

घुसते ही उन्हें अहसास हो गया कि वहाँ सब कुछ ठीक नहीं था। आगे बढ़ने पर उन्होंने खून बिखरा देखा। वातावरण में अजीब सी गन्ध आ रही थी।

उन्होंने देखा कि जोन हाल में खून से सनी चादर के नीचे पड़ी थी। उसकी लड़कियाँ जेनिफर और मेलिसा रसोईघर के फर्श पर खून से लथपथ पड़ी थीं। उन सब की हत्या की गई थी।

मेरी और लाऊ भयाक्रान्त हो उठीं। पुलिस को फोन किया गया। कुछ ही क्षणों में पुलिस वहाँ पहुँच गई। जासूस भी बाद में आ पहुँचे थे। पूरे घर की छानबीन के बाद जाँच शुरू की गई।

हत्यारों ने एक-एक लाश पर छुरे से कई वार किए थे। छोटी लड़की मेलिसा पर तो इस तरह वार किया गया था कि चाकू का ब्लेड उसकी गर्दन में ही फँस कर रह गया था। जोन के शरीर पर 57 बार छुरे से वार किया गया था। उनकी हत्या तीन दिन पहले की गई प्रतीत हो रही थी।

जाँचकर्ताओं के पास कोई सुराग नहीं था। फिर भी जाँच शुरू की गई। एफबीआई के जासूस ग्रेग ओ मैकक्रेरी को भी जाँच में सहयोग के लिए शामिल किया गया।

मैकक्रेरी का ख्याल था कि हत्यारा कहीं पड़ोस में ही रहता होगा। बटनवुड्स में दो साल पहले हुई हत्या के साथ इसका सम्बन्ध जान पड़ता था क्योंकि हालात बिल्कुल मिलते-जुलते लग रहे थे।

जुलाई 1987 में रिबेका स्पेन्सर अपने कमरे में मृत पाई गई थी। उसके शरीर पर भी छुरे के अनगिनत वार थे। दोनों ही केसों में घर में मौजूद चाकू का ही इस्तेमाल किया गया था।

मैकक्रेरी का ख्याल था कि अनगिनत वार करने वाले अक्सर अपना हाथ भी घायल कर बैठते हैं। इसलिए उसने जाँच दल को ऐसे आदमी की तलाश करने को कहा जो पड़ोस में ही

रहता हो और जिसके हाथ पर पट्‌टी बँधी हो। जाँच को दिए गए इस मोड़ से एक दिशा मिली और ऐसे आदमी की तलाश शुरू कर दी गई।

हत्या के अगले ही दिन यानि 5 सितम्बर की बात है। पुलिस जासूस रे पेन्डरगेस्ट और मार्क ब्रांडरथ बटनवुड्स के एक पार्क के समीप से गुज़र रहे थे। तभी 'रे' को एक जाना-पहचाना चेहरा नज़र आया। कार रोक कर उन्होंने 15 साल के क्रेग से बातचीत शुरू की- एक स्थानीय बास्केट बाल प्रोग्राम में 'रे' उसका कोच रहा था।

'रे' ने उस नौजवान से पूछा कि क्या उसे हत्या की खबर है। क्रेग ने जवाब दिया कि उसने लाशें घर से बाहर आती देखी तो थीं। वह वहाँ से कुछ घरों की दूरी पर ही रहता था। तभी 'रे' ने देखा कि क्रेग के हाथ पर पट्‌टी बँधी थी। 'हाथ में क्या कर बैठे', 'रे' ने स्नेहपूर्वक पूछा। क्रेग ने जवाब दिया कि कुछ दिन पहले रात में शराब के नशे में वह कीले एवेन्यू में एक कार की खिड़की में हाथ मार बैठा और वह टूट गई। दोनों जासूस उसका जवाब सुनकर चल तो पड़े, पर उसके जवाब से वह सन्तुष्ट नहीं हुए। उन्हें अजीब सा लग रहा था कि दो पुलिस अधिकारियों के सामने कार तोड़ने की बात क्रेग ने क्यों कबूल की।

एक किशोर के उन हत्याओं में हाथ होने की संभावना बिल्कुल नहीं थी। और क्रेग तो वैसे भी अच्छे स्वभाव का लड़का था। पर ये तो सही था कि उसका हाथ घायल था और वह रहता भी पड़ोस में ही था। ये सब संयोग नज़रअन्दाज़ करना मुश्किल सा लगा।

जाँच को आगे बढ़ाने पर उन्होंने पाया कि क्रेग द्वारा जिक्र किए गए क्षेत्र में किसी कार के शीशे तोड़े जाने की

शिकायत दर्ज नहीं कराई गई थी। उस जगह पर ही काँच के टुकड़े पड़े नहीं मिले। क्रेग की कहानी पर उनका सन्देह बढ़ रहा था।

इसी बीच रक्त विशेषज्ञ डा. हेनरी ली को पुलिस ने हत्या स्थल की जाँच के लिए कहा। उसकी जाँच से पता चला कि हत्यारे ने 13 नंबर का जूता पहना था।

क्रेग प्राइस कोई साधारण युवक नहीं था। 15 साल की उम्र में ही उसके खिलाफ चोरी, सेंधमारी और नशीले पदार्थों के सेवन के आरोप लग चुके थे। उसके घर पुलिस पहले कई बार छोटे-मोटे झगड़े सुलझाने जा चुकी थी।

जाँचकर्ताओं को क्रेग से गहन पूछताछ की आवश्यकता महसूस हुई। क्रेग को माता-पिता सहित पुलिस स्टेशन बुलाया गया। वह वहाँ पहुँचा तो उसके हाथ की चोट के बारे में उससे विस्तार से पूछा गया। उसने वही कहानी दोहरा दी। जाँचकर्ताओं ने उसे लाई डिटेक्टर टैस्ट देने को कहा। टैस्ट से साफ जाहिर हो गया कि क्रेग झूठ बोल रहा था। उसके दोस्तों, रिश्तेदारों से पूछताछ करने पर बताया गया कि क्रेग ऐसा अवयस्क गैंग चलाता था जो घरों में सेंध लगाया करता था। उन्हें ये भी पता लगा कि वह रिबेका स्पेंसर की हत्या कर देने की भी शेखी मारा करता था। जाँचकर्ताओं ने और देर न करते हुए क्रेग के खिलाफ सर्च वारंट लिया और उसके घर पहुँचे।

केविन कालिन्स, ऑर्थर एण्डरसन और टिम कोलगन नामक जासूसों के दल ने घर की तलाशी लेने से पहले पूरी रात उसके घर की निगरानी की।

17 सितम्बर की सुबह उन्होंने घर पर छापा मारा। दरवाजा क्रेग के पिता ने खोला था और पुलिस को देख वह भौंचक्का रह गए। उसके परिवार के बाकी सदस्यों- उसकी माँ,

भाई को जगा कर वहीं बैठने के लिए कहा गया। वे सभी बहुत दुःखी लग रहे थे। क्रेग तो वहीं काउच पर ऊँघने सा लगा। पर जाँच दल को बहुत देर तक तलाशी नहीं लेनी पड़ी। उन्हें जो चाहिए था, वह जल्दी मिल गया।

घर के पिछवाड़े एक बोरी में कई चाकू-छुरे खून में सने मिल गए। खून में रंगे कपड़े, दस्ताने और अन्य वस्तुएँ भी मिलीं। क्रेग को जगा कर जोन, जेनिफर और मेलिसा की हत्या के आरोप में गिरफ्तार कर लिया गया। क्रेग भावशून्य दिखाई पड़ रहा था। उसके साथ उसके माता-पिता भी पुलिस स्टेशन आ गए। उससे पूछताछ की गई। जासूसों को यकीन था कि हत्याओं से क्रेग का कोई सम्बन्ध नहीं निकलेगा और वह पाक साफ सिद्ध हो जायेगा।

पर उनके आश्चर्य का पारावार न रहा जब क्रेग ने तीनों हत्याओं का इकबाले-जुर्म फौरन ही कर लिया। उस रात की घटना उसने विस्तार से सुना डाली। पर हर बार वह कुछ न कुछ बदल देता। पर आखिर में वह थक गया और फैसला किया कि सबकुछ सच-सच बता देगा। उसके बाद उसने जो बयान दिया, उसने अच्छे-अच्छों के रोंगटे खड़े करे कर दिए। उसके पिता जोन प्राइस को तो उल्टी आ गई और वे बाथरूम की ओर भागे।

दो साल पहले हीटन के घर पर हुई इन घटनाओं को उसकी माँ भयाक्रान्त होकर सुनती रही। क्रेग ने जाँचकर्ताओं को बयान दिया कि वह तो सेंधमारी के इरादे से घर में घुसा था। रसोईघर की एक खिड़की खुली पाकर वह वहीं से अन्दर सरक गया। वह अचानक एक मेज पर जा गिरा जो आवाज़ करती हुई टूट गई। पर वह इसकी परवाह न करते हुए चोरी की नीयत से तलाशी लेता रहा। पर उसकी आवाज़ से जोन की नींद खुल गई थी और वह रसोई की ओर बढ़ी थी। लाइट ऑन करते ही उसने क्रेग को देख लिया। क्रेग ने जोन को पकड़ कर मारा

और जमीन पर गिरा दिया। जोन की चीखें सुनकर बच्चियों की भी नींद खुल गई और वे हाल की ओर दौड़े। मेलिसा पुलिस को सूचित करने के लिए टेलीफोन की ओर दौड़ी पर क्रेग ने उसे काबू में लेकर फर्श पर गिरा दिया। दूसरी लड़की के साथ भी उसने यही किया। रसोई से चाकू उठाकर उसने तीनों को चाकू से गोदना शुरू कर दिया। इस पर उनमें से एक लड़की ने क्रेग के हाथ पर काट खाया था। गुस्से में क्रेग ने भी उसकी पीठ पर काट लिया था। बड़ी लड़की ने तब भी उसका मुकाबला करना जारी रखा था। क्रेग ने स्टूल उठा कर उसके सिर पर दे मारा। क्रेग को उम्मीद नहीं थी कि वे उसे इतनी कड़ी टक्कर देंगी। जख्मों की मार से बेहोश हो जाने तक वे मुकाबला करती रहीं।

क्रेग ने स्वीकार किया कि हत्याओं के दौरान ही वह अपना हाथ जख्मी कर बैठा था। उसने दस्ताने उतारकर जख्म पर पट्टी बाँधी थी। वह दस्ताना वह जल्दबाजी में घटना स्थल पर ही छोड़ बैठा था।

हत्यास्थल से मिली चीज़ों से क्रेग के बयान की पुष्टि हो रही थी। जाँच हेतु लिये गये खून के सैम्पल भी क्रेग के खून से मैच कर रहे थे। अब शक की कोई गुंजाइश न रही। उसने ये भी कहा कि लाशों को उसने कम्बल से ढँक दिया था, शायद अपने किए पर वह खुद ही शर्मिन्दा था। तौलिये से उसने खून पोंछने का भी प्रयास किया पर उसे डर था कि ज्यादा देर वहाँ मौजूद रहने पर पुलिस उसे पकड़ लेगी। उसने फटाफट चाकू, दस्ताने और खून से सनी तौलिया को उठाया और वहाँ से निकल भागा।

वहाँ से निकलकर वह सीधा अपने घर आया जो थोड़ी ही दूर था। उसने खून से सने कपड़े उसी बोरी में छिपाए थे। उसकी निशानदेही पर वह कपड़े भी बरामद कर लिए गए।

जासूसों के लिए अभी और भी आश्चर्य बाकी था। उन्होंने रिबेका स्पेन्सर की हत्या के बारे में पूछा तो उसने उसकी हत्या की बात भी स्वीकार कर ली। उस समय वह केवल 13 साल का ही था।

पहली हत्या के हालात बयान करने में क्रेग को जरा भी दिक्कत नहीं हो रही थी। जासूसों को चारों हत्याओं के मामले एक साथ सुलझाने पर बड़ा चैन सा मिला था। पर क्रेग की स्वीकारोक्ति से उन्हें बड़ी निराशा का अहसास भी हो रहा था। उन्हें उम्मीद थी कि न्यायालय उसके अपराधों के लिए उसे लम्बी सजा देगा।

कानून क्रेग के हक में था। इतनी निर्मम हत्याओं के बावजूद क्रेग को कोर्ट के लम्बे ट्रायल का सामना करने की जरूरत नहीं पड़ेगी क्योंकि ये स्वीकारोक्ति उसने 16वें जन्मदिन से पहले की थीं। रोड आईलैंड के कानून के मुताबिक कोर्ट उसे केवल 21वें जन्म दिवस तक किसी प्रशिक्षण स्कूल में रख सकता था। और पाँच साल बाद क्रेग का रिकार्ड बिल्कुल साफ होगा और वह आज़ाद हो जाएगा।

उसे केवल पाँच साल की सज़ा की संभावना से निर्मम हत्या की गई महिलाओं के परिवारों और आईलैंड के नागरिकों में असंतोष फैला हुआ था। पर यह पहली बार हुआ था कि सोलह साल से कम आयु वाले को सीरियल किलर पाया गया था। वह देश का सबसे छोटा सीरियल किलर था।

हालाँकि क्रेग पर हत्याओं के लिए मुकदमा नहीं चलाया जा सकता था, पर प्रशिक्षण स्कूल में भेजे जाने से पहले मुकदमे की सुनवाई के लिए तो उसे पेश होना ही था। 21 सितम्बर 1989 को कैन्ट कन्ट्रीहाउस में न्यायाधीश कार्मिन आर. डीपट्रिलो के समक्ष क्रेग को पेश कर क्रेग पर हत्याओं

और सेंधमारी के आरोप लगाए गए जिसे उसने तुरन्त स्वीकार कर अपना दोषी होना कबूल कर लिया।

क्रेग को रोड आईलैंड स्कूल के यूथ करैक्शनल सैन्टर (वाईसीसी) में पाँच साल के लिए नज़रबन्दी की सज़ा सुना दी गई। यही उसके लिए ज्यादा से ज्यादा सजा हो सकती थी। उसकी गहन मनोवैज्ञानिक जाँच व थेरेपी का भी आदेश दिया गया। पर क्रेग ने इलाज के लिए मना कर दिया। इसके साथ-साथ पाँचवें अमेंडमेंट के अन्तर्गत हत्या के बारे में किसी भी प्रकार की आधिकारिक चर्चा से इन्कार कर दिया।

पाँच साल की प्रशिक्षण स्कूल की अवधि में क्रेग ने हाईस्कूल इविवेलेंसी टेस्ट पारा किया और सेटेलाइट कालेज कोर्स शुरू किया। उसका ख्याल था कि वाईसीसी से रिहा होने के बाद अच्छी नौकरी पाने के लिये उसे शिक्षा की आवश्यकता होगी।

1993 तक क्रेग को अच्छे व्यवहार के लिए जाना जाने लगा था। यहाँ तक कि उसके सुपीरियर्स ने उसे अन्य युवकों को सलाह देने की अनुमति भी दे डाली। इसके साथ ही गिना मेक्रिस ने 'दि प्राविडेन्स जर्नल' में 1993 में प्रकाशित हुए एक लेख में सुझाव दिया कि क्रेग के अच्छे व्यवहार को ध्यान में रखते हुए उसे सामान्य सुरक्षा ड्यूटी निभाने का भी मौका दिया जाना चाहिए। क्रेग को स्कूल में एक रैप वीडियो भी बनाने की अनुमति दे दी गई जिसमें भयावह (धमकी भरे) गीत शामिल किए गए थे।

क्रेग के साथ इस विशेष व्यवहार की खबर जब नागरिकों व हत्या की गई महिलाओं के परिवारों तक पहुँची तो उन्होंने इस पर रोक लगाने की माँग की। काफी विरोध के बाद यह समाप्त कर दिया गया पर इससे भी बड़ी समस्या अभी मुँह बाए खड़ी थी। क्रेग की रिहाई का वक्त पास आता जा रहा था।

उसकी रिहाई को रोकने के लिये केवल डेढ़ साल का ही समय बचा था।

क्रेग की रिहाई में बाधा खड़ी करने में चार लोग ज़्यादा सक्रिय थे, वे थे– जोन हीटन की माँ, उसकी बहन मेरी लाऊ, हीटन की जाँच में प्रमुख भूमिका निभाने वाले कैप्टन केविन कालिन्स और असिस्टेंट एटार्नी जनरल जेफ्री पाइन। उन्होंने रोड आईलैंड को क्रेग और उसके जैसे अन्य अपराधियों की रिहाई टालने के लिये नए बिल लाने के लिए लॉबिंग की। दूसरा क्रेग के अपराध और उसकी सम्भावित रिहाई के बारे में विश्व भर को बताने के लिए हर सम्भव उपाय अपनाना। इन सबने मिलकर पूरा ज़ोर लगाया कि क्रेग को फिर दोबारा हत्या करने का मौका न दिया जा सके।

1990 में पास हुए 'ओ नील बिल' के विषय में जनमत बनाने में पाइन कोलिन्स की महती भूमिका रही। इस बिल ने किशोर हत्यारों की सजाएँ और कड़ी कर दीं।

1993 में पाइन ने एक विवादित बिल की शुरूआत की जिसमें एटार्नी जनरल को मानसिक रोग से ग्रस्त व्यक्ति को मानसिक चिकित्सालय भेजने का हक़ दिया जाता, यदि वह व्यक्ति समाज के लिए खतरा बन जाए। कुछ लोगों का ख्याल था कि इस बिल से मानसिक रोग से ग्रस्त व्यक्तियों से भेदभाव का व्यवहार किया जाएगा और मनोवैज्ञानिक समस्याओं की इससे बदनामी होगी। यह तर्क भी दिया गया कि बिल विशेष रूप से क्रेग पर निशाना साध रहा है और इसका इस्तेमाल उसे कभी भी आज़ाद न होने देने के लिये किया जा सकता है। पाइन को यह कहते भी सुना गया, "मैं एक और त्रासदी को रोकने के लिए कुछ भी करने को तैयार हूँ। और मृत महिलाओं के परिवारों और पाइन के हर्ष की सीमा न रही जब क्रेग प्राइस नाम का यह बिल उसी साल पास हो गया।

अक्टूबर 1993 में प्राइस की रिहाई विरोधी नागरिक मंच (सीओआरपी) की स्थापना कर दी। इस अलाभकारी संगठ्न का उद्देश्य था क्रेग के अपराधों के खिलाफ जन जागरण करने के लिए धन संग्रह करना और लॉबिंग प्रयासों में सहायता करना। उनका लक्ष्य था ऐसे बिलों को पास करना जिनसे क्रेग की रिहाई रोकी जा सके।

मेरी और लाऊ ने भी इस आन्दोलन में खूब सहायता की। क्रेग की संभावित रिहाई के बारे में लोगों को बताने के लिए उन दोनों ने पूरे राज्य का दौरा किया। 'टाइम' में प्रकाशित जिल समोलोव के एक लेख के अनुसार फंडिंग पेटीशन और जनसूचना के लिए इस ग्रुप ने दिन रात प्रयास किए। कुछ ही महीनों में संगठ्न के साथ सैकड़ों वालंटियर जुड़ गए, दसियों हज़ार डॉलर धन एकत्र कर लिया गया और राष्ट्र का ध्यान इस मुद्दे की ओर दिलाने में सफलता हासिल हुई।

एक तरफ ये सब चल रहा था और दूसरी ओर प्रशिक्षण स्कूल में अपनी सज़ा पूरी होने पर क्रेग रिहाई का बेसब्री से इंतज़ार कर रहा था। इसी बीच छः बार उसने मनोवैज्ञानिक मूल्यांकन व थेरेपी सम्बन्धी टेस्ट कराने से इन्कार कर दिया– इस डर से कि कहीं पाँच साल की सज़ा पूरी होने के बाद उसे किसी मानसिक संस्थान में न भेज दिया जाए। पर फिफ्थ अमेंडमेंट के पीछे छुपने के उसके दिन अब पूरे हो चुके थे।

मई 1994 में जब राष्ट्रपति बिल क्लिंटन प्राविडेंस पहुँचे तो हज़ारों आन्दोलनकारियों और क्रेग विरोधी बैनर लहराते एक विमान ने उनका स्वागत किया जिस पर लिखा था– ''सावधान, 4 हत्याओं का जिम्मेदार क्रेग प्राइस यहीं घूम रहा है।'' जाहिर था कि रोड आईलैंड के नागरिक क्रेग प्राइस मामले में कोई ठोस कार्रवाई चाहते थे और समस्या का समाधान कराने के लिये उतारू थे।

टेलीविजन पर प्रसारित साक्षात्कार में क्लिंटन ने छः महीने बाद क्रेग की रिहाई के बारे में असंतोष जाहिर किया। उन्होंने ये भी कहा कि अवयस्कों को आग्नेय हथियार बेचने पर प्रतिबंध लगाने के लिए कानूनों में फेर–बदल किया जाना चाहिए।

इसके पन्द्रह दिन बाद रोड आईलैंड के कानूनविदों ने इन सभी मामलों पर पुनर्विचार किया। परन्तु क्रेग की रिहाई सम्बन्धी समस्या का कोई हल नहीं निकल पाया। क्रेग का भाग्य बदलने ही वाला था।

8 जून 1994 को रोड आईलैंड के लोगों को यह जानकर धक्का लगा कि क्रेग पर सामान्य मारपीट और अधिकारी मार्क पेटेला को धमकी देने का फिर से आरोप लगा है। एक सप्ताह बाद क्रेग का अपराध साबित हो गया और उसकी जमानत राशि 5 लाख डॉलर तय की गई। मुकदमा इसके बाद चलना था। उसी महीने क्रेग के सामने एक समस्या और पैदा हो गई। मनोवैज्ञानिक टैस्ट एवं थेरेपी विषयक उसका इन्कार अब बहुत लम्बा हो चला था। उसे चेतावनी दे दी गई कि अगर उसने इलाज नहीं कराया तो उस पर कोर्ट की अवमानना का मामला बन सकता है।

27 जून को प्राविडेन्स काउन्टी फैमिली कोर्ट के जज एस. जरेमिया जूनियर के समक्ष सुनवाई हुई। क्रेग को एक बार फिर मनोवैज्ञानिक परीक्षण से गुजरने का आदेश दिया गया पर उसका जवाब वही रहा। इस पर जज ने एक साल की सजा बढ़ाते हुए यह अवधि क्रांसटन के एडल्ट करेक्शनल इंस्टीट्यूशन में गुजारने का आदेश दिया। उसकी सजा कम होने की केवल यही शर्त थी कि वह कोर्ट के आदेश की अवज्ञा न करे।

पाँच साल की सजा पूरी होने पर क्रेग आखिर इस आदेश का पालन करने को तैयार हो गया। अपराध वैज्ञानिक

बनमि जो कि बोस्टन जुवेनाइल कोर्ट क्लीनिक के पूर्व प्रमुख थे, ने क्रेग का मनोवैज्ञानिक मूल्यांकन किया। क्रेग ने इसमें हिस्सा तो लिया पर अधूरे मन से। बाद में पाया गया कि हत्या की कई घटनाओं के उसने गलत व झूठे जवाब दिए थे। इस मामले पर बाद में फैमिली एण्ड डिस्ट्रिक्ट कोर्ट को विचार करना था। उसी पर सबकी नज़रें लगी थीं।

3 अक्टूबर 1994 को प्राविडेंस के सुपीरियर कोर्ट में क्रेग के मुकदमे की सुनवाई शुरू हुई। केस की सुनवाई जज थामस नीडहेम कर रहे थे और एटार्नी राबर्ट मान तथा केटी हाइन्स बचाव पक्ष में थे। राज्य की ओर से प्रॉसीक्यूटर पैट्रिक यंग्स और माइक स्टोन क्रेग के खिलाफ प्रस्तुति कर रहे थे।

अब तक के सबसे विवादित मुकदमे की सुनवाई कोर्ट में खचाखच भरे लोगों ने दिल थाम कर सुनी। माइक स्ओन ने बयान किया कि किस प्रकार जब पेट्रेला ने नशीले पदार्थो (सिगरेट व लाइटर) बरामदगी की रिपोर्ट पर क्रेग से हस्ताक्षर करने को कहा तो कैसे उसने गाली-गलौच की और धमकी दी। इस बाबत उसने पाँच गवाह भी पेश किए। पेट्रेला को भी बयान देने के लिए कहा गया। दो घण्टे तक पेट्रेला विस्तार से बयान करता रहा कि कैसे उसके साथ क्रेग ने व्यवहार किया और धमकी दी। चार अन्य लोगों की भी गवाही हुई जो प्रशिक्षण स्कूल में काम करते थे।

बचाव पक्ष के एटार्नी मान ने सबूतों व गवाहियों को अपर्याप्त बताते हुए क्रेग को रिहा करने की अपील की। पर जज ने अपने फैसले में यह माँग ठुकराते हुए कार्रवाई को जारी रखे जाने का आदेश दिया। बचाव पक्ष ने प्रशिक्षण स्कूल के एक कर्मचारी एन्अवियन कार्टर को पहले गवाह के रूप में पेश किया। उसने कहा कि क्रेग को उसने पेट्रेला को धमकी देते कभी नहीं सुना। पर क्रास एक्ज़ामिनेशन में वह मान गया कि क्रेग की कार्रवाई धमकी के ही समान थी।

इसके बाद खुद क्रेग ने बयान दिया। क्रेग ने कहा कि सिगरेट व लाइटर पाए जाने पर पेट्रेला ने कोई कार्रवाई न करने की बात कही थी पर अगले ही दिन डिसिप्लिनरी रिपोर्ट प्रस्तुत करने पर वह भड़क गया था। पर उसने उसे धमकी नहीं दी थी। क्रास एग्ज़ामिनेशन में क्रेग आग बबूला हो उठा और गुस्से में बोला कि प्रॉसीक्यूटर उसे स्थायी रूप से कैद में रखने की साजिश में शामिल हैं।

...और आखिर सारे तर्क वितर्क सुनने के बाद जूरी ने क्रेग को दोषी करार दे ही दिया। लोगों ने चैन की साँस ली कि क्रेग अभी जल्दी रिहा नहीं होगा।

❑❑❑

उसने उसकी हत्या कर डाली और उसकी लाश उसी के घर से कुछ दूर क्लार्क यार्ड में दबा दी। इस बार उसने चाकू का इस्तेमाल नहीं किया था। पर रोज़ की इस तरह हत्या करने से उसे एक प्रकार की यौन तृप्ति भी मिली थी।

30

क़त्ल करने से उसे मिलती थी यौन तृप्ति

25 मई 1959 को स्आवरब्रिज, वर्सेस्टरशायर (इंग्लैंड) में जन्मे विलियम हेनरी बरी का बचपन रहस्यों से भरा था। उसके परिवार के विषय में केवल इतना ही पता चल पाया कि उसका पिता एक परिश्रमी मछलीमार था जिसके पास अपने बेटे के लिए समय ही नहीं था।

विलियम हेनरी लन्दन के ईस्ट एन्ड में नवम्बर 1987 में आया। इससे पहले वह एक बूचड़खाने में काम करता था। पर उसे ये काम पसन्द नहीं था। इसलिए जेम्स मार्टिन नाम के एक आदमी के लिए वह सॉडस्ट कलैक्टर (राख इकट्ठा करने वाला) का काम करने लगा। वह मार्टिन और उसकी पत्नी के साथ ही रहने लगा। वे लोग क्विकेट स्ट्रीट में एक ब्राथेल चलाते थे। यहीं पर एक दिन उसकी मुलाकात 32 साल की एलेन इलियट से हुई जो ब्राथेल में काम करती थी। दोनों ने शादी कर ली। एलेन की एक मौसी उसके नाम काफी जायदाद छोड़ कर

मरी थी। शराबी, चोर और यौन-विकृत हेनरी अपनी बीबी की दौलत पर भरपूर ऐश करने लगा। सुरा और सुन्दरी में उसका अधिक से अधिक धन खर्च होने लगा।

धीरे-धीरे हेनरी की शराब और वेश्याओं की लत सीमाएं पार करने लगीं। फरवरी 1988 में उसने स्पिटलफील्ड्स की 38 साल की महिला ऐनी मिलवुड पर चाकू से हमला कर दिया। उसकी टांगों और गुप्तांगों पर उसने छुरे से कई वार किए पर उसकी किस्मत अच्छी थी कि वह बच गई। 28 मार्च को इसी तरह उसने ऐडा विलसन पर उसी के घर में हमला कर दिया। हेनरी ने उससे पैसे मांगे और मना करने पर दो बार छुरा घोंप दिया। 7 अप्रैल की रात हेनरी ने अपनी पत्नी का गला रेतने की कोशिश की, पर उसने मुकाबला किया।

हेनरी को एक दिन पता लगा कि तरह-तरह की वेश्याओं के संसर्ग में आने से उसे सिफालिस रोग लग गया था। यह बीमारी उससे उसकी पत्नी को भी लग चुकी थी।

20 दिसम्बर की बात है उसने एक नवयुवती रोज मिलेट को सुबह-सुबह घेर लिया और उस पर हिंसक हमला कर दिया। उसने उसकी हत्या कर डाली और उसकी लाश उसी के घर से कुछ दूर क्लार्क यार्ड में दबा दी। इस बार उसने चाकू का इस्तेमाल नहीं किया था। पर रोज की इस तरह हत्या करने से उसे एक प्रकार की यौन तृप्ति भी मिली थी।

जनवरी 1989 में हेनरी दम्पत्ति डंडी शहर में आकर रहने लगे। लन्दन से चले आने का एक कारण यह भी था कि हेनरी एक हत्या की कोशिशों से उठे सवाल से बचना चाहता था।

5 फरवरी 1989 को डंडी स्थित अपने फ्लैट के बेसमेंट में हेनरी ने पत्नी एलेन पर हमला कर दिया और उसे एक रस्सी से बांध दिया। फिर वह उसकी पीठ पर बैठ गया और

चाकू से उसका पेट चीर कर उसकी अन्तड़ियाँ बाहर निकाल डालीं। इसके बाद उसने लाश को एक सन्दूक में ठूँस दिया और बेसमेंट में एक ओर रख दिया।

हेनरी को और कुछ नहीं सूझ रहा था कि इस अपराध के चक्र से कैसे निकला जाए तो वह पुलिस स्टेशन पहुंचा और इत्तिला दी कि हमलावरों ने उसके घर पर हमला कर उसकी पत्नी को मार डाला था। इत्तिला मिलने पर पुलिस हरकत में आई और लेडी एलेन की लाश हेनरी के फ्लैट के बेसमेंट से बरामद कर ली। उन्हें हेनरी की कहानी पर विश्वास नहीं हो पा रहा था इसलिए पुलिस ने उसे गिरफ्तार कर लिया। उस पर अपनी पत्नी की हत्या का आरोप लगाया गया।

24 अप्रैल 1989 को हेनरी को फाँसी की सज़ा सुनाई गई। कुछ ही दिनों बाद जब उसे फाँसी के लिए ले जाया गया तो उसके चेहरे पर पश्चाताप का कोई भाव नहीं दिखता था। फांसी से ठीक पहले उसने जल्लाद से कहा बताते हैं :- "मैं जानता हूँ कि मुझे फाँसी लगाते हुए तुम क्या सोच रहे हो- यही न कि तुम मुझसे ज्यादा चतुर हो।"

❐❐❐

वह इन हत्याओं के लिए अलग तरीके इस्तेमाल करता जिनमें गला दबाने से लेकर चाकुओं से गोद डालने के मामले शामिल थे। उसका शिकार न केवल औरतें बल्कि पुरुष भी होते, क्योंकि यौनेच्छा की तृप्ति के अलावा भी वह हत्या कर डालता था।

31

पैदाइशी क़ातिल

यह कहानी एक ऐसे खूनी दरिन्दे के बारे में है जिसे जर्मनी की एक अदालत ने सजा-ए-मौत दी थी और जज ने अपने फैसले में लिखा- "इस क़ातिल की गर्दन तेज धारदार हथियार से धड़ से अलग कर दी जाए ताकि कोई दूसरा इन्सान इस प्रकार के जुर्म करने की जुर्रत न करे।"

2 जुलाई 1931 को उसे सज़ा-ए-मौत दी गई क्योंकि उसने 38 साल में 17 लोगों को बेरहमी से मौत के घाट उतार दिया था। वह ऐसा खौफनाक क़ातिल था कि उसे 5 साल की कमसिन लड़कियों का कत्ल करते हुए भी रहम नहीं आया। खास बात तो यह है कि सिलसिलेवार कत्ल करने वाला यह शैतान अमरीकी नहीं जर्मन था। उसका नाम था- पीटर कर्टेन। 26 मई 1883 को जर्मनी के शहर डसदर्क में पैदा हुए इस घिनौने इन्सान ने कत्ल का खेल 5 साल की कमसिन उम्र में ही शुरू कर दिया था। ऐसा कहा जा सकता है कि यह इन्सान क़ातिल के रूप में ही पैदा हुआ था।

विश्वास करना कठिन है पर सच्चाई यही है कि पाँच बरस की बाली उमर से ही पीटर कर्टेन नामक सीरियल किलर अनगिनत जीवन समाप्त करता चला आ रहा था। पुलिस रिकार्ड में उसके कारनामों का कच्चा चिट्ठा यूं दर्ज़ हैः

– वह दो दोस्तों के साथ नदी में नहाने गया था। पाँच बरस की उमर में ही उसने सबसे पहले उन दोनों मित्रों को डुबो कर मार डाला।

– ग्राफेनवर्गर के जंगलों में एक युवती से यौन क्रिया करने के बाद उसने उसे मार डालने की कोशिश की। पर शायद वह बच गई क्योंकि किसी को उसकी लाश नहीं मिली।

– दो आजनबी राहगीरों पर कर्टेन ने कुल्हाड़ी से हमला कर दिया। उसका कहना था कि खून के फव्वारे छूटते देख उसे यौन सुख की अनुभूति होती है।

– एक लड़की को खींच कर वह झाड़ियों के पीछे ले गया और छुरे के उस पर तेरह वार कर डाले। मृत शरीर को जलाने के लिए वह दोबारा हत्या वाले स्थान पर पहुंच गया था।

– राइन नदी के तट पर एक नौकरानी नवयुवती को उसने 20 बार चाकुओं से गोद डाला। बाद में उसकी लाश पाई गई। राहगीरों को भयभीत करने के उद्देश्य से लाश को लटकाने की कोशिश पर अधिक वजनी होने के कारण वह सफल न हो पाया।

– डसेलडार्फ के बाहर जंगल में एक नौकरानी की बलात्कार के बाद हत्या।

– एक अर्द्ध जिप्सी नौकरानी की भी बलात्कार के बाद हत्या।

– दो असफल प्रयासों के बाद कैंची से 36 बार गोदने का वीभत्स कार्य।

– एक शिकार को कर्टेन ने अपनी मर्जी से रिहा कर दिया। उसके फौरन बाद ही कर्टेन को गिरफ्तार कर लिया गया।

यह कहना तो ठीक नहीं होगा कि पीटर कर्टेन एक कुशल हत्यारा था और हत्याओं के लिए सोची समझी प्रणाली अपनाता था।

उसके जीवन से पता चलता है कि ये हत्याएँ वह यौन अतृप्ति की विभीषिका के आवेग में कर बैठता था।

जहाँ तक हमले के तरीके का सवाल है, वह इन हत्याओं के लिए अलग तरीके इस्तेमाल करता जिनमें गला दबाने से लेकर चाकुओं से गोद डालने के मामले शामिल थे। उसका शिकार न केवल औरतें बल्कि पुरुष भी होते, क्योंकि यौनेच्छा की तृप्ति के अलावा भी वह हत्या कर डालता था।

एक मनोचिकित्सक द्वारा गहन साक्षात्कार के बाद पीटर कर्टेन अपराध जगत का पहला ऐसा सीरियल किलर बन गया जिसने जी खोलकर जवाब दिए थे। उसकी पहचान एक सैक्समेनिएक के रूप में की गई जिसे पीड़ितों के शरीर से नहीं बल्कि अपनी क्रियाओं से ही यौन सुख की प्राप्ति होती थी।

पुलिस मनोचिकित्सक कार्लबर्ग द्वारा यह पूछे जाने पर कि क्या उसे अपने किए पर अफसोस है, उसने छूटते ही कहा कि उसे अपने किए का कोई पछतावा नहीं। बल्कि मैं इससे सुख की अनुभूति करता हूँ।

अपने शिकार में पीटर यही सम्भावना तलाश करता था कि उसकी तरीके के अनुसार हत्या करने पर क्या वह उसे यौन तृप्ति दे पाने में समर्थ होगा। उसे सोचने के लिए ज्यादा समय नहीं मिलता था– केवल इतना ही जितना शिकार उसकी ओर चल कर आने में लेता था।

और इस पर ये कि पीटर एक सुखी विवाहित जीवन बिता रहा था और अपनी अत्यंत सहनशील पत्नी से यह सब राज छुपाए हुआ था- जब तक कि उसने खुद कबूल नहीं किया।

उसे जब मारिया बडलीज/बडलिक घटनाकाण्ड में तफ्तीश के लिए पुलिस स्टेशन बुलाया गया तो यह जानकर कि उसकी गिरफ्तारी अवश्यम्भावी है, उसने पत्नी से कहा कि वह खुद उसे पुलिस स्टेशन तक छोड़ कर आए ताकि हत्यारे को पकड़वाने का इनाम पत्नी को मिल सके और उसका बाकी जीवन आसानी से गुजर बसर हो सके।

इस केस का सबसे अद्भुत पहलू ये था कि इतनी कम उम्र वाले व्यक्ति द्वारा इतनी आसानी से हत्या करना कैसे सम्भव होता था। इसका सम्बन्ध उसके बचपन से जोड़ा गया जब उसका शराबी पिता अपनी पत्नी (उसकी माँ) को बच्चों के सामने ही यौन क्रिया के लिए मजबूर करता था। 13 बच्चों वाले इस परिवार में वह अक्सर ही अपने पिता की इन हरकतों की नकल उतारा करता। उसका पिता अपनी ही बेटी को मोलैस्ट करने के अपराध में गिरतार किया गया था। कर्टेन ने जैसा देखा था, वैसा ही मोलैस्ट क्रिया दोहरा दी थी।

हिंसा का दूसरा सबक उसे एक कुत्ते पकड़ने वाले से मिला जब उसका पिता जेल में था। उसने कुत्तों की हस्तमैथुन क्रिया से कर्टेन को अवगत कराया और ये भी कि किस प्रकार उन्हें प्रताड़ित किया जाए।

एक सवाल जिसका उत्तर नहीं मिल पाया कि उसने अपनी अन्तिम शिकार मारिया बडलेज/बडलेक को क्यों ज़िन्दा छोड़ दिया- यह जानते बूझते भी कि वह उसका पूरा हुलिया बयान कर सकती है। पुलिस किसी भी सम्भावित सुराग को नहीं जाने देगी। इसका एक कारण तो ये हो सकता है कि उसे

बिना हस्तक्षेप अपराध करते रहने की अपनी क्षमता पर जरूरत से ज्यादा यकीन था और किसी भी शिकार द्वारा जीवित बच निकलने पर उसे कोई डर नहीं लगता था।

मनोचिकित्सक प्रोफेसर कार्ल बर्ग के शब्दों में – ''कर्टेन यौनाचारियों का राजा'' और ''निर्मम विक्षिप्त'' इंसान था।

❑❑❑

खुद सेल्स के पास अपने अपराधों का कोई हिसाब नहीं था। वह कई प्रकार के छोटे–मोटे अपराध करता रहा। कई बार वह जेल गया पर हत्या जैसे अपराध में उसका नाम कभी नहीं आया।

32

इंसान के रूप में खूनी दरिन्दा

सन् 2000 के पहले दिन के अखबारों की सुर्खियों को पढ़कर टेक्सास के निवासी भौंचक्के रह गए। खबरों में कहा गया था कि 31 दिसम्बर को सवेरे-सवेरे दो किशोरियों पर उनके घर में घुसकर चाकू से हमला किया गया। हमलावर ने 13 साल की केलेने हैरिस की बर्बरतापूर्ण तरीके से गला रेत कर और चाकुओं से गोदकर हत्या कर दी और दस साल की क्रिस्टल सर्ल्स को बुरी तरह घायल कर दिया। टेक्सास पुलिस ने बिना ढिलाई किए दो दिन बाद ही 35 साल के टोमी लिन सेल्स को गिरफ्तार कर लिया और कड़ी पूछताछ शुरू कर दी।

आखिर कौन था ये टोमी लिन सेल्स और कैसा था उसका दिल दहलाने वाला खूनी खेल?

तो आइए, ढूंढते हैं 'टेक्सास डिपार्टमेंट ऑफ क्रिमिनल जस्टिस' में रखी हुई अपराधियों के रिकार्ड की फाइलें।

यह है फाइल नम्बर 999367 - इस पर अपराधी के खाने में लिखा है 'टोमी लिन सेल्स', उम्र-35 साल, गिरफ्तारी

के समय अपराध की तारीख 31 दिसम्बर, 1999, निवासी–कैलिफोर्निया राज्य की अलामेडा काउंटी, पेशा–मैकेनिक, बारबर, लेबर, अपराध का इतिहास–कुछ मामलों में जेल की सजाएं, पर इन दिनों फ्री।

अब देखते हैं टोमी का क्रिमिनल रिकार्ड जो सालों तक पोशीदा रहा। सच मानिए तो टोमी कोई साधारण अपराधी नहीं था। वह क्रूरतम अपराधियों की भीड़ में भी अलग से दिखाई दे जाएगा। वह इंसान के रूप में एक ऐसा खूनी दरिंदा था जिसने न केवल तीन साल के बच्चे की बेरहमी से हत्या की बल्कि एक गर्भवती महिला के साथ खूंखार जानवर की तरह बलात्कार किया और इससे उस महिला का समय पूर्व ही प्रसव हो गया। इस पर भी भूखे भेड़िए की तरह हरकत करने वाला टोमी रुका नहीं और उसने उस महिला की हत्या करने के साथ–साथ ही उस नवजात शिशु को भी मार डाला जो स्वयं ही कुछ देर में मरने वाला था।

पहले टोमी के घर परिवार से परिचित हो लें, फिर आगे बढ़ेंगे–

जुड़वाँ बहन के साथ टोमी का जन्म 28 जून, 1964 को ऑकलैण्ड में हुआ था। इससे पहले उसके दो भाई थे और तीन अन्य भाई उसके बाद पैदा हुए। उसकी परवरिश अपारम्परिक ढंग से हुई। जाहिर रूप से उसका पिता एक बीमा एजेन्ट विलियम सेल्स था पर उसका वास्तविक पिता जॉय लॉविन्स था जो पुरानी कारों का सेल्समैन था। लोविन्स ने विलियम को आर्थिक संकट से बाहर निकाला था और इसके बदले में वह उसके बच्चों का जाहिर पिता बनने को तैयार हो गया था।

केवल आठवीं पास सेल्स का बचपन शराब और आवारागर्दी में बीता था। आठ साल की उम्र में ही टोमी पास ही के शहर के एक आदमी के सम्पर्क में आया जो उसे पूरे दिन

अपने साथ रखता और बदले में जरूरत की चीजें और पैसा देता था। मुफ्तखोरी की आदत ने उसको नाकारा बना दिया। अब वह रात को भी उसके घर ही सोने लगा। बाद में उस आदमी के पकड़े जाने पर पता चला कि वह बीमार मानसिकता का शिकार था जो बच्चों का यौन उत्पीड़न करता था।

सात साल की उम्र में ही टोमी को अपने दादा के साथ शराब से वास्ता पड़ा। दस साल की उम्र में वह नशे का आदी हो गया और उसने मारीजुआना का सेवन शुरू कर दिया था। 13 साल की उम्र में वह अपनी दादी के बिस्तर में नंगा घुस गया और एक दिन जब उसने अपनी माँ का बलात्कार करने का प्रयास किया तो उसको दिमागी चैकअप के लिए डॉक्टर के पास ले जाया गया। 14 साल की उम्र आने तक वह एक छंटा हुआ बदमाश बन चुका था जो ट्रेनों में चोरी-चकारी के साथ-साथ दूसरे अपराध भी करने लगा। अब उसने बड़े हाथ मारने शुरू कर दिए थे। 1978 से 1999 तक यानी 20 सालों तक टोमी कार चुराने के अलावा नाई, मैकेनिक और मजदूरी के अलावा नशे की लत के कारण भीख माँगने के लिए भी मजबूर हो गया था।

खुद सेल्स के पास अपने अपराधों का कोई हिसाब नहीं था। वह कई प्रकार के छोटे-मोटे अपराध करता रहा। कई बार वह जेल गया पर हत्या जैसे अपराध में उसका नाम कभी नहीं आया। मिसूरी के एक जाँचकर्ता ने बताया कि क्रिस्टल सर्ल्स की हत्या में असफल रहने से पहले किसी ने हत्या जैसे जघन्य अपराध में उसके पकड़े जाने की कल्पना भी नहीं की थी। क्योंकि न तो वह क्रेडिट कार्ड का इस्तेमाल करता था और न ही टेलीफोन का। ट्रेन से सफर करने वाला यह शख्स चैक का उपयोग भी नहीं करता था।

आइए अब सबसे पहले यह जानें कि उसने 31 दिसम्बर 1999 की सुबह क्या किया था? पुलिस ने क्या कार्रवाई की? कैसे उसे धर-दबोचा गया?

31 दिसम्बर 1999, सुबह के चार बजे। डेल रिओ (टेक्सास) के पश्चिम में उपनगर ग्वाजिया बे। टैरी और क्रिस्टल हैरिस के घर के सामने एक कार आकर रुकी। कार में से उतरे दाढ़ी वाले आदमी ने अपने 12 इंच के पतले से चाकू से पिछवाड़े के दरवाजे पर लगे ताले को काटने की कोशिश की। उसमें नाकाम रहने पर उसने एयर कंडीशनर लगी खिड़की में से घुसने की कोशिश की पर उसमें भी नाकाम रहा। तब वह घर के आगे की ओर आया जहाँ ऊपर की ओर एक खिड़की खुली थी। वहाँ पड़े एक पुराने से टब को उल्टा करके वह उस पर चढ़ गया और उचक कर दबे पाँव घर के अन्दर घुस गया।

उसने अपने आपको 14 साल के जस्टिन हैरिस के कमरे में पाया जिसे आँखों से कुछ भी दिखाई नहीं देता था। वह जाग गया था पर उसने सोचा उसका कोई भाई-बहन होगा सो धीरे से बोला- 'क्या आप मेरे कमरे से बाहर जाएंगे?' टोमी खामोश रहा और स्थिति को भांपकर तुरंत दूसरे बेडरूम में दबे पाँव घुस गया। उसने सिगरेट लाइटर जलाया। उसने देखा 7-8 साल का एक लड़का मार्क सर्लिस वहाँ सो रहा है। जिसकी तलाश थी, उसे वहाँ न पाकर वह दूसरे कमरे की ओर बढ़ा। यहाँ भी उसने बिना घबराए लाइटर जला कर उसकी रोशनी में सोने वालों का मुआयना किया। इस कमरे में क्रिस्टल हैरिस अपनी 12 साल की बेटी लोरी के साथ सो रही थी। अब वह चौथे कमरे की ओर बढ़ा और जिसकी उसे तलाश थी, उसे देखकर उसकी आँखों में चमक आ गई।

इस कमरे में दीवार से सटे बेड पर 13 साल की केलिन केटी हैरिस सो रही थी। वह आदमी उसके बगल में लेट गया और धीरे से उसे जगाया। केलिन केटी ने एक बार उसकी ओर देखा और बोली- 'तुम यहाँ क्या कर रहे हो?' इससे ज्यादा वह कुछ नहीं बोल पाई क्योंकि उस आदमी ने उसके मुँह पर हाथ रख दिया और चाकू उसके बदन से सटा दिया। फिर चाकू को नीचे ले जाकर उसने केटी की पैंटी और ब्रा इस खूबी

से काट फेंके जैसे वह यह काम अक्सर करता हो। अब उसने उसके बदन को सहलाना शुरू किया तो केटी ने अपने आपको आजाद करा लिया और खड़ी होकर चिल्लाई– 'ममा को बुलाऊँ?'

वह चौकन्ना हो गया। उसने देखा कि एक 10–11 साल की लड़की क्रिस्टल सर्लिस भी उसी कमरे में सो रही है। वह फुर्ती से घूमा और चीते सी पकड़ से केटी को दबोच लिया और चाकू उसके बदन में घुसेड़ दिया तथा कमरे की डिम लाइट जला दी। खून देखकर क्रिस्टल चिल्लाई और बुरी तरह घबरा गई। वह घायल केटी को छोड़कर क्रिस्टल के पीछे आ गया।

अब उसका हाथ क्रिस्टल के मुँह पर था और वह छटपटा रही थी। 'आंखों के इशारे से उस शैतान ने मुझे वहाँ से न जाने के लिए कहा और मैं रुक गई।' बाद में क्रिस्टल ने बताया। पुलिस को दिए बयान और अदालत में दी गई चश्मदीद की गवाही में क्रिस्टल सर्लिस ने दिल दहलाने वाले वाकिये को बताते हुए कहा–'उसने देखते ही देखते केटी के गले पर चाकू चलाया और सब्जी की तरह काटने लगा। दो बार ऐसा करने पर केटी का गला रूँध गया और वह अजीब सी आवाज निकालने लगी। ऐसे जैसे उसकी सांस की नली में रुकावट हो। फिर वह बेजान सी जमीन पर गिर गई। गिर जाने के बाद भी उस आदमी ने चाकू से वार करने बंद नहीं किए।' पोस्टमार्टम की रिपोर्ट में केटी के शरीर पर चाकू के 16 घाव पाए गए।

इसके बाद वह क्रिस्टल की ओर बढ़ा जो केटी की हालत देखकर सहम गई थी। 'मैंने उससे कहा कि मैं शोर नहीं मचाऊंगी, कोई विरोध नहीं करूंगी। वह तो केटी थी जो शोर मचा रही थी।' पर उसने कोई दया नहीं दिखाई। मेरे पास आकर वह मेरा गला रेतने लगा। मैं वहीं गिर पड़ी और मैंने ऐसा दिखावा किया जैसे मैं मर चुकी हूँ। अगर उसे मालूम होता कि मैं जिन्दा हूँ तो वह वापस आता और मुझे अवश्य ही मार डालता।' क्रिस्टल ने अदालत को बताया।

इसके बाद उसने बत्ती बुझाई और आगे के दरवाजे से चला गया। एक मिनट के अन्तराल में केटी ने एक कार स्टार्ट होने और चले जाने की आवाज सुनी। वह हिम्मत बटोर कर उठी और ये सोचकर कि शायद घर के सभी लोगों की भी उसने हत्या कर दी है, और वे मारे जा चुके हैं, वह अपने गले पर हाथ रखकर पड़ोसियों के घर की तरफ भागी।

उनके पड़ोसी हर्ब बेज ने जब दरवाजे पर दस्तक सुनी, उस समय वह टेलीविजन पर ऑस्ट्रेलिया में हो रहे नई शताब्दी के स्वागत के जश्न की टी.वी. कवरेज देख रहे थे। उन्होंने दरवाजे के 'की होल' से देखा कि क्रिस्टल सर्लिस टी-शर्ट और बॉक्सर जांघिए में खून से लथपड़ी खड़ी है। वह बोल नहीं पा रही थी। चाकू से उसकी सांस नली काट दी गई थी और नीचे जाती धमनियों को भी चीर दिया गया था। केटी हैरिस और उसकी हालत में ज्यादा फर्क नहीं रह गया था।

बेज ने तुरंत 911 पर फोन कर पुलिस को बुलाया। पुलिस तुरंत उसे डेल रिओ अस्पताल ले गई लेकिन डॉक्टरों ने उसकी हालत को चिन्ताजनक बताया तो उसे तुरत-फुरत हैलिकॉप्टर द्वारा सेन एन्टोनियो के यूनिवर्सिटी अस्पताल ले जाया गया। 5 इंच लंबे घाव से पीड़ित के गले पर डॉक्टरों ने घण्टों मेहनत की तब कहीं जाकर क्रिस्टल खतरे से बाहर हुई। पुलिस के अनुसार ग्वाजिया बे में केटी हैरिस मृत पाई गई। बाकी लोग सही सलामत थे।

नए साल के पहले दिन क्रिस्टल होश में आई। उसके गले पर कई पट्टियाँ बंधी थीं फिर भी पेन और पेपर लेकर उसने हमलावर के हुलिए के बारे में जानकारी लिख कर पुलिस को दी। फॉरेंसिक चित्रकार शर्ली टाइमन्स ने जानकारी के आधार पर जो हुलिया बनाया वह काली आँखों, गोल चेहरा, लम्बे ब्राउन रंग के बालों और दाढ़ी वाला कोई आदमी था। यह चेहरा चॅक नॉरिस से मिलता-जुलता था। पुलिस ने इस रेखाचित्र को तुरंत जारी कर दिया जिससे हत्यारे को जल्दी पकड़ा जा सके। यह

चित्र हैरिस परिवार को भी दिखाया गया ताकि वे अपने मित्रों और परिचितों की भी पहचान कर सकें।

इधर घर से कुछ भी गायब नहीं हुआ था। कानून के जानकारों और पुलिस के जासूसों का कहना था कि यह कत्ल व्यभिचार के उद्देश्य से ही किया गया लगता था। उनका शक था कि हत्यारा हैरिस परिवार से परिचित था और उसका लक्ष्य केटी हैरिस ही थी। उनकी माँ छुट्टियाँ मनाने के लिए बाहर गई हुई थी। खबर मिलते ही वह घर लौट आई। अस्पताल में भर्ती सर्लिस का सामान लाने के लिए डेल रिओ से केटी का सौतेला पिता टेरी हैरिस, उसकी माँ पाम सर्लिस और माँ का ब्वॉयफ्रैन्ड डग लूकर एन्टोनियो के यूनिवर्सिटी अस्पताल के लिए रवाना हुए थे।

रास्ते में लूकर ने जब हत्यारे का स्कैच देखा तो उसे ध्यान आया कि डेलरियो के गैस-स्टेशन में उसने ऐसा ही एक आदमी देखा था। शायद उसका नाम टॉम अथवा टोमी था। वह शायद केटी के सौतेले पिता टेरी हैरिस का दोस्त भी था और अमिगो ऑटो सेल्स में कार्य करता था। लूकर ने टैक्सास के रेन्जर जॉन एलन से बात की जिसने कार के मालिक को ढूंढ निकाला। उसने फोन पर अपने मित्र को उस कर्मचारी का नाम बताया। क्रामइ फाइल्स खोजने पर जिस आदमी का फोटो मिला वह क्लीन शेव था। अस्पताल जाकर उन्होंने क्रिस्टल को छः फोटो दिखाई तो उसने जिसको पहचाना वह टोमी लिन सेल्स का फोटो था जो पुरानी कारों का सेल्समैन था।

जासूसों ने हत्या के तीसरे ही दिन 2 जनवरी को सेल्स के यहाँ छापा मारा। वह पत्नी और चार बच्चों के साथ रहता था। वह चुपचाप पुलिस के जासूसों के साथ चला आया। रास्ते में उसने इतना ही कहा कि-'हमें आपस में बहुत बातचीत करनी है।' पुलिस की कड़ी पूछताछ के आगे वह टूट गया और धीरे-धीरे अगले कुछ महीनों में उसने अपना अपराध कबूल

करते हुए 20 साल में की गई हत्याओं का पूरा हाल बक दिया। उसने केटी हैरिस की हत्या और उसकी सहेली का गला रेतने के अपराध का भी इकरार कर लिया। इलिनोयस के एक पूरे परिवार की हत्या, मिसूरी में एक माँ और बेटी की हत्या, लेक्सिंगटन में एक किशोर लड़की, ऐरिजोना में एक सैलानी, सेंट एन्टोनिया में एक बच्चे की हत्या का अपराध भी उसने स्वीकार कर लिया। इसके अलावा पिछले तीन दशकों में वह अमेरिका में 20 से भी अधिक हत्याएँ कर चुका था। उसने अपने हत्याकाण्ड को एक नाम भी दिया था– 'कोस्ट टू कोस्ट'।

अब वह अपना रिकार्ड क्लीन करना चाहता है। कोर्ट ने विक्टर गार्शिया को उसका एटार्नी नियुक्त किया था। उसने टोमी को समझाते हुए कहा कि वह पहले ही बहुत कुछ कबूल कर चुका है। अब आगे कुछ भी बोलना बन्द करे। पर उसने जवाब दिया कि वह ऐसा नहीं करेगा और न ही उसे किसी वकील की जरूरत है।

आखिर हत्याओं के पीछे उसकी मानसिकता क्या थी?

पुलिस के अफसरों और जासूसों की राय में उसके द्वारा की गई हत्याओं का कोई खास उद्देश्य नजर नहीं आता है पर सबूतों के आधार पर यह निष्कर्ष निकाला गया कि वह सैक्सुअल प्रीडेटर यानी हद दर्जे का व्याभिचारी था। हत्याओं के लिए उसने जिन हथियारों का इस्तेमाल किया उनमें चाकुओं, बन्दूक और बेसबाल बैट से लेकर गला काटने और घोटने के हथियार भी थे। जब वह किसी भी अच्छे मेकअप वाली लड़की या सुंदर औरत को देखता तो अपने को रोक नहीं पाता था और अपनी सैक्सुअल डिजायर्स को पूरा करने के लिए प्लानिंग करने लगता। उसके द्वारा की गई हत्याओं में एक विशेषता और समानता थी। वह केवल औरतों और लड़कियों का ही पीछा करता था। उन्हें वहशीपन का शिकार बनाता, सेक्सुअल हैरेस करता और फिर मार डालता था। सेक्स उसका नशा था और

नशे को पूरा करने के लिए कत्ल करना उसे सबसे आसान लगता था।

अब उन मामलों के दस्तावेज़ भी देखें जिसमें टोमी के गुनाहों का हिसाब लिखा हुआ है।

सन् 1985। उन दिनों वह ब्रान्सन के पास टेबल रॉक कस्बे के फोरसिथ में एक कॉर्निवाल में काम कर रहा था। कार साफ करने वाले गैराज में काम करने वाली 35 साल की एक तलाकशुदा सुन्दर औरत ईना कोर्ड अपने 4 साल के बेटे टोरी के साथ कॉर्निवाल देखने के लिए आई थी। सेल्स का कहना है कि जब उसकी मुलाकात ईना से हुई तो उसने उसे देर रात घर आने का न्यौता दिया। तीन दिन बाद ईना और उसके बेटे की खून से लथपथ लाशें पुलिस अधिकारियों ने बरामद कीं।

सेल्स के बयान के मुताबिक संभोग के बाद ईना ने उसके पॉकेट में से चोरी करने की कोशिश की। उसे गुस्सा आ गया और उसने उसके बेटे का बेसबाल बैट उठाया और दे मारा। ईना मर गई। इसके बाद उसने एकमात्र गवाह उसके 4 साल के बेटे की भी हत्या कर दी। सचाई क्या थी? किसी को नहीं मालूम। शायद मेले (कॉर्निवाल) में उसने ईना को पटाया, घर जाकर उससे बलात्कार किया और उसकी हत्या कर दी।

मिले सबूतों से पता चला कि 1980 के दशक के अन्त में सेल्स ने सिलसिलेवार हत्याएँ कीं। उसकी स्वीकारोक्ति है कि 1987 से 1989 के बीच उसने अमेरिका के सात राज्यों में एक दर्जन हत्याएँ कीं।

15 अक्टूबर 1987 का दिन। 20 साल की आज़ाद ख्याल युवती स्टेफनी स्ट्रो यूरोप और एशिया के देशों में सैर सपाटे के बाद सेन फ्रांसिस्को लौट रही थी। विनेमुका की एक सड़क के किनारे वह लिफ्ट माँग रही थी कि एक रूफर (ट्रक) चालक चुराया हुआ ट्रक लेकर वहाँ पहुँचा। यह रूफर चालक

टोमी सेल्स ही था जो उस शहर में इन्हीं गर्मियों में आया था। टोमी का बयान है कि वह स्टेफनी को रीनो की ओर एक निर्जन स्थान पर ले गया और वहाँ जाकर उसके साथ बलात्कार किया और फिर गला घोंट कर मार डाला। उसके बाद उसने उसकी लाश को एक झरने के नीचे फेंक दिया। स्टेफनी की लाश कभी नहीं मिल पाई। 1987 में ही इलिनोइस में हुई हत्या में उसका हाथ होने की बात पर सभी को यकीन है।

सेंट लुइस के 80 मील पूर्व में शिकारियों को कैथ डारडीन की लाश मिली। उसके सिर में गोली लगी थी और उसके गुप्तांगों को बुरी तरह कुचल दिया गया था। जिस ट्रेलर में वह काम करता था उसमें पुलिस को कैथ डारडीन की पत्नी इलेन और 3 साल के बेटे की लाश मिली। इलेन के साथ बलात्कार किया गया था। यहाँ भी हत्यारे ने बेसबॉल बैट को ही हत्या का हथियार बनाया था। यह मामला 12 साल से नहीं सुलझाया जा सका था पर टोमी सेल्स ने इस अपराध की भी जिम्मेदारी ले ली। न्यायपालकों के सामने सवाल यह था कि सेल्स ने यह जघन्य कार्य क्यों किया और इसके पीछे आखिर उसका क्या मकसद (मोटिव) था।

सेल्स का कहना है कि कैथ डारडीन उसे एक 'ट्रक शॉप' पर मिला और उसे घर आने का निमन्त्रण दिया। डारडीन के सम्बन्धियों का कहना है कि वह हर समय अपराधों के प्रति आशंकित रहता था और ऐसा हो ही नहीं सकता कि उसने सेल्स को घर आने का निमन्त्रण दिया हो। इसी घर में उसने डारडीन की पत्नी का बलात्कार करने के बाद उसकी हत्या की और साथ में उस नवजात शिशु को भी मौत के घाट उतार दिया जिसे दुनिया में आए एक घंटा भी नहीं हुआ था। अपराध विशेषज्ञों की राय में जघन्य अपराध करने वालों को अपना अपराध छिपाने के लिए परिस्थितियाँ गढ़ने की आदत होती है नहीं तो कोई भी जिसमें थोड़ी सी भी समझदारी है, किसी नवजात शिशु का इस तरह नृशंस वध नहीं कर सकता। खुद

शायद सेल्स को भी नहीं पता कि उसकी इस नरबलि की सचाई क्या है।

उसकी आदतों का रिकार्ड देखने पर पता चलता कि 1987 तक वह बेतहाशा शराब और ड्रग्स का आदी हो चुका था। उसे हेरोइन की लत थी। न मिलने पर वह कुछ भी सेवन कर लेता– क्रैंक, कोकीन, एसिड, मेठ आदि। वह कुछ ही दिन काम कर पाता और फिर अपनी कमाई को ड्रग्स या अन्य नशा खरीदने में लगा देता।

सेल्स ने पुलिस और जासूसों को बताया कि उसकी हत्याओं का शिकार होने वालों की लिस्ट इस प्रकार हैः– न्यू हैम्पशायर की एक किशोरी, ट्विन फाल्स के निकट एक पुल पर एक औरत और उसका तीन साल का बच्चा, टक्सन के पास होबो में नशीले पदार्थ मारीजुआना के लिए छीनाझपटी और झगड़े में 51 साल के कैन्ट लूटेन की चाकू से हत्या, ट्रकी (कैलिफोर्निया) की एक वेश्या और ओरेगन में एक नवयुवती।

1989 की क्रिसमस तक टोमी अपराध की दुनिया में बहुत आगे निकल चुका था। 12 जनवरी 1990 के दिन जब वह एक ट्रक से सामान चुरा रहा था, उस पर लोगों की नज़र पड़ी और गिरफ्तार कर चोरी के इल्जाम में जेल भेज दिया गया। जेल में ड्रग्स के न मिल पाने से उसे दौरे पड़ने लगे। जेल में की गई डॉक्टरी और मनोवैज्ञानिक जाँच से पता चला कि वह पर्सनैलिटी डिसऑर्डर, एडिक्शन, डिप्रेशन और साइकोसिस से पीड़ित है। कानून ने उसे इस बिना पर रिहा कर दिया।

रिहा होने के एक साल बाद ही सेल्स ने खूनी खेल का सिलसिला फिर शुरू कर दिया। सेल्स ने पुलिस को बताया कि उसने सितम्बर 1991 में चार्ल्सटन में मागरिट मैक्लेन और पामेला की हत्या की। नशे की आदत ने उसे कंगाली की कगार तक पहुँचा दिया था। एक दिन वह सड़क के किनारे भीख माँग रहा था, 20 साल की एक लड़की को उस पर दया आ गई

और खाना तथा कपड़े देने के लिए उसे अपने घर ले गई। इंसानी व्यवहार के बदले सेल्स ने उस लड़की का बलात्कार किया और चाकू घोंप दिया पर वह सेल्स से चाकू छीनने में कामयाब हो गई। भूखे जानवर की तरह वह उस पर टूट पड़ा और उसने उस लड़की पर चाकू से 23 जगह वार किए। वह बेहोश होकर गिर पड़ी। इस पर भी शांत नहीं हुआ और आखिर में सेल्स ने पियानो का स्टूल उठाकर दे मारा और यह सोचकर कि वह मर गई है, भाग निकला। सौभाग्य से वह बच गई थी। उसी लड़की ने सेल्स को पहचानने में मदद की जो चार्ल्सटन में एक तख्ती लेकर भीख माँग रहा था और तख्ती पर लिखा था–'वह भूखा है और खाने के बदले काम करने को तैयार है।'

पुलिस में मामला दर्ज हुआ और केस चला। सेल्स ने उस लड़की को घायल करने का अपराध मान लिया पर बलात्कार का आरोप हटा लिया गया। जून 1993 में उसे वैस्ट वर्जीनिया जेल में 2 से 10 साल की सजा हुई। जेल में जाने के बाद भी उसकी शादी हुई। उसकी अजीबोगरीब मानसिकता के कारण जेल में उसकी आदतों और व्यवहार का बारीकी से अध्ययन किया गया। डॉक्टरों ने उसे दोहरी मानसिकता का मरीज बताया। लगभग 4 साल बाद मई 1997 में उसे जेल से छोड़ दिया गया।

मई 1997 में सेल्स अपनी नई दुल्हन नोरा प्राइस को लेकर टेक्सास आ गया। उसका वैवाहिक जीवन खुशनुमा नहीं था। उसे महीने में कई दिनों तक अपनी पत्नी नोरा को घर पर अकेला छोड़ना पड़ता था क्योंकि ट्रक चालक की नौकरी के कारण उसे देश में इधर-उधर आजा-जाना पड़ता था। अक्टूबर 1997 में स्प्रिंगफील्ड के पश्चिम में एक तालाब में स्टेफनी महानी की जो लाश मिली, उसका जिम्मा भी सेल्स ने लिया। बाद में उसने 'हार्ट ऑफ अमेरिका' कॉर्निवाल में नौकरी कर ली और एक शहर से दूसरे शहर उस कॉर्निवाल के साथ घूमता रहा।

फरवरी 1998 में डेल रियो (टेक्सास) में यह कॉर्निवाल 8 दिन के लिए रुका। 35 हजार की आबादी वाला यह कस्बा एमिस्टाड रिजर्वायर (बाँध) के ठीक नीचे था। वहाँ उसे 28 साल की एकाकी महिला जेसिका मिली जो चार बच्चों की माँ थी। उसे टोमी सेल्स ने खुश कर दिया। वह कॉर्निवाल के साथ आगे चल दिया पर जेसिका ने कुछ दिनों बाद उसे वापिस बुला लिया। 31 मार्च को वह फिर उसी ट्रेलर पर चालक का काम करने के लिए चला गया। कुछ दिन पहले ही उसकी पत्नी नोरा ने जोन्सबोरो आर्क में एक पुत्र को जन्म दिया था।

अब ट्रक चलाना छोड़कर सेल्स ने डेल रियो के अमीगो ऑटो सेल्स में पुरानी कारों को बेचने का काम शुरू कर दिया। उसने अक्टूबर 1998 में अपनी पत्नी नोरा को तलाक दिए बिना ही दूसरी युवती लेवरी से शादी कर ली। उसने दाढ़ी कटवा ली और बाल छोटे करा लिए। सब उसने डेल रियो की घटना की तैयारी में किया था। उन दोनों का कोई मेल नहीं था। शादी हो गई और जाँच करने पर उसे दोहरेपन के मनोविकार का रोग बाईपोलर निकला। लेवरी जन्म से क्रिश्चियन थी जबकि सेल्स के लिए धर्म का कोई मूल्य नहीं था। लेवरी एक निष्ठावान औरत थी जबकि सेल्स एक आवारा आदमी। सेल्स एक आज्ञाकारी पति बनने का नाटक करता पर रात के समय उठकर चुपचाप ड्रग और एल्कोहल का सेवन कर लेता।

हमेशा की तरह सेल्स कुछ दिनों के लिए अक्सर गायब हो जाता। लेवरी से वह झूठ कह देता कि काम-धंधे के सिलसिले अथवा किसी सम्बन्धी से मिलने गया था। सचाई यह थी कि 1999 की हत्याओं के समय उसका घर डेल रियो में ही था।

4 अप्रैल 1999 को मेम्फिस के पूर्वोत्तर में 75 मील दूर गिब्सन काउण्टी (टेनीसन) में सेल्स ने 32 साल की एक महिला के ट्रेलर में सेंध लगाई। महिला का बलात्कार करने के

बाद उसने चाकू से महिला और उसकी 8 साल की पुत्री की हत्या कर दी किन्तु वह पकड़ा नहीं जा सका।

दो सप्ताह बाद सेन एन्टोनियो के एक अन्य कॉर्निवाल ग्रुप फिएस्टा में उसने नौकरी कर ली। 18 अप्रैल को मैरी बिया पेरेज नाम की एक 9 साल की लड़की म्यूज़िक फेस्टिवल से गायब हो गई। एक दिन बाद लड़की की लाश सेन एन्टोनियो के एक नाले में पाई गई। यौन प्रताड़ना के बाद उसकी हत्या कर दी गई थी। बाद में इस हत्या पर से भी पर्दा तब उठा जब गिरफ्तार होने के बाद सेल्स ने अपना जुर्म कबूल कर लिया।

13 मई को उसने लेक्सिंगटन पार्क में झूले का आनन्द ले रही एक लड़की हैली मेकहोन को देखा। वह उसके पीछे लग गया और किसी तरह उसे दबोच लिया और झाड़ियों में ले जाकर उसके कपड़े उतार डाले। फिर उसका बलात्कार करने के बाद उसका गला दबाकर हत्या कर दी। फिर वह वहाँ से हैली की साइकल पर सवार होकर भाग निकला। बाद में उसने साइकल 20 डॉलर में बेच दी और उसकी शराब पी गया। उस रात नशे की हालत में उसने किंगफिशर (ओकला) में 14 साल की बॉबी लिन वॉकर्ड से भी बलात्कार किया और बाद में उसकी हत्या कर दी।

टोमी लिन सेल्स द्वारा स्वीकार की गई हत्याओं की पूरी गिनती सम्भव नही हो सकी। उसे सिर्फ़ 7 हत्याओं का दोषी करार देकर 3 अप्रैल 2014 को ज़हर का इंजेक्शन देकर मौत की नींद सुला दिया गया।

❐❐❐